JN087246

>>> 改訂版

完全攻略！
TOEFL ITP® テスト

TOEFL ITP® is a registered trademark of ETS.
This publication is not endorsed or approved by ETS.

神部 孝 著

＊本書はTOEFL ITP（学校やその他教育機関で行われる団体向けテスト）受験のための書籍です。

はしがき

　私は、TOEFL ITPのようなペーパー試験のTOEFLを受験して留学しました。受験勉強を始めた当初は530点程度、それから7カ月後に637点を獲得しました。そしてその2カ月後に、イェール大学から合格通知を受け取りました。一生懸命に勉強しましたが、30歳を過ぎて始めた勉強は大変でした。

　この試験を受ける読者の多くは大学生でしょう。体力のある今が頑張り時です。後悔しないように全力で目標に向かってください。

　それでは本書の特徴を紹介しましょう。

■ 問題形式がわかる

　リスニング、文法、リーディングの各セクションをていねいに解説しました。

■ 模擬試験で自分の実力を知る

　1回ぶんの模擬試験がついています。解き終わったら、必ず換算点を出してください。解説をよく読んで、自分の弱点を確認しましょう。

■ 学習法と攻略法で力を伸ばす

　本試験に役立つ学習法と攻略法をまとめました。受験前にもう一度見直してください。

■「丸わかり英文法」で点数をアップ

　TOEFL ITPに必須の英文法をピンポイントでまとめています。出題されやすい文法事項を見直してください。点数がアップすることまちがいありません。

■ 重要語句を音声と共にマスター

　本書に登場した重要語句をダウンロード音声として収録しています。問題を解いた後は、語彙力アップでさらに実力を伸ばしましょう。

　本書はTOEFL ITPに特化していますが、リスニングとリーディング・セクションの難易度はTOEFL iBTにも通用するでしょう。ITP受験が終わったら、iBTにもぜひチャレンジしてください。

Good Luck!

かんべ英語塾　神部　孝
米国イェール大学 MBA

目次

CONTENTS

🖊 本書の学習の進め方

　本書は大きく分けて「テストの概要」「模擬試験」、そして「学習・攻略法」で構成されています。最初にテストの概要をつかみサンプル問題で出題傾向を把握してから、模擬試験や学習法に取り組んでください。

　それでは、本書の学習の手順を見ていきましょう。

① TOEFL ITPの概要をつかむ

　問題数や試験時間、テストの構成などITPの概要を把握しましょう。

② サンプル問題を解く

　3つのセクションのサンプル問題があります。それぞれのサンプル問題を解いて、実際の試験問題をイメージしてください。

③ 模擬試験に挑戦

　実際のTOEFL ITPと同じ問題数と形式の模試を解いてみましょう。本番と同じ条件で受験するために、制限時間は厳守してください。

> ❗ 注意
> a〜cのいずれかに当てはまる場合は先に攻略法に取り組んでから模擬試験に挑戦してください。
> a. リスニング・セクションが全くわからない場合
> b. 文法問題がわからない場合
> c. リーディング・パッセージを読んで何が書いてあるかわからない場合

④ 解答と解説で実力をチェック

　模擬試験を終えたら必ず答え合わせをし、解説を読んでください。解答と解説には書き込みをしても構いません。

> ❗ 注意
> 模擬試験を解かなかった人は、解答と解説を読まないでください。

⑤ 学習法と攻略法を読む

　模擬試験の結果を踏まえ、スコアアップのカギとなるセクション別の学習法・攻略法を身につけましょう。苦手なセクションだけ読むのでも構いません。模擬試験を中断した人は、攻略法を読んでから模擬試験に再チャレンジしましょう。

⑥ 試験1週間前

　TOEFL ITP を受験予定の人は、問題形式と試験時間に慣れるため試験直前にもう一度模擬試験を解きましょう。前回解いた時の得点と比べてください。

　同じ箇所をまちがえた場合には、「なぜまちがえたのか」を考えましょう。例えば、次のような理由が当てはまるかもしれません。

　a. リスニングでは、英文スクリプトを見ながらでないと英語が聞き取れない
　b. 文法事項がまだよく頭に入らない
　c. 語句がわからない

　aであれば、Chapter 5内の「**リスニング・セクションの学習法**」(p.166)を参考に音声を活用し、リスニング力を鍛え直してください。bであればChapter 7の「**丸わかり英文法**」(p.223)をおさらいしてください。cの人はChapter 8「**重要語句150**」(p.255)を活用してください。

　自分の弱点を知り、その克服に取り組めば、必ず次のステップアップにつながります。頑張ってください。

【音声のダウンロードについて】

●パソコンでダウンロードする場合
以下のURLで「アルク・ダウンロードセンター」にアクセスの上、画面の指示に従って、音声ファイルをダウンロードしてください。
URL：https://portal-dlc.alc.co.jp

●スマートフォンでダウンロードする場合
QRコードから学習用アプリ「booco」をインストール（無料）の上、ホーム画面下「さがす」から本書を検索し、音声ファイルをダウンロードしてください。
（本書の書籍コードは7022063）
詳しくはこちら：https://booco.page.link/4zHd

QRコードを読み取って
boocoをインストールしよう！

＊本書は、2014年3月に刊行された『完全攻略！ TOEFL ITP® テスト』を、最新（2022年7月現在）のリスニング出題形式を反映して改訂したものです。

Chapter 1

テストについて知ろう

TOEFL ITPとは

テストを受ける前に、まずはその概要を知っておきたいもの。構成や時間配分、スコアが意味するもの、受験時の注意点などを説明します。

テストの概要

1 TOEFL は受験者のアカデミックな英語能力を測る試験です。

2 ITP は、Institutional Testing Program（団体向けテストプログラム）の略称です。

3 TOEFL ITP は、学校やその他教育機関などで行われる団体向けのテストです。スコアはその団体内でのみ有効です。個人の留学の際に求められる英語力の証明には使えません。個人の留学の際は TOEFL iBT を受験しましょう。

4 TOEFL ITP には、Level 1 TOEFL と Level 2 Pre-TOEFL の2種類があります。

	最低点	最高点	問題数	解答時間
Level 1 TOEFL	310点	677点	140問	約115分
Level 2 Pre-TOEFL	200点	500点	95問	約70分

5 本書は、Level 1 TOEFL に対応しています。

6 Level 2 Pre-TOEFL は Level 1 TOEFL の問題をやさしく構成しなおしたものです。Level 1 TOEFL で500点以下の受験者を対象としています。

> 詳しくはこちら（ETS Japan のサイト）
> → https://www.etsjapan.jp/

7 テストはリスニング、文法、リーディングの3つのセクションで構成されています。解答は全問マークシート方式です。

8 テストには過去に実際に行われた TOEFL のペーパー試験の問題を使っています。

9 ETS（Educational Testing Service）が問題を作成し、日本では TOEFL®テスト日本事務局が運営しています。

10 団体向けのため、TOEFL®テスト日本事務局に個人で直接申し込むことはできません。受験については、皆さんが所属する大学などに問い合わせてください。

テストの構成

TOEFL ITP（Level 1 TOEFL）の構成は次の通りです。

	最低点	最高点	問題数	解答時間
①リスニング	31点	68点	50問	約35分
②文法	31点	68点	40問	25分
③リーディング	31点	67点	50問	55分
合計	310点*	677点*	140問	約115分**

合計点（*）は、各セクションのスコアを合計して10を掛け、3で割って算出します（小数点以下四捨五入）。例えば

①リスニング　　　　　　45点
②文法　　　　　　　　　50点
③リーディング　　　　　48点
　の場合、

$$(45+50+48)\times10\div3 = 476.6...$$
$$\rightarrow 477$$

合計スコアは477点となります。

また、解答時間（**）は約115分ですが、注意事項の説明や名前の記入などを含めると全体では約2時間半かかります。

2020年より、デジタル版のITPテストが導入されました。問題数、解答時間、スコアスケールは、従来のペーパー版と同じです。

試験全体の流れと時間配分

1	準備時間	約20分
2	リスニング・セクション	約35分
3	文法セクション	25分
4	リーディング・セクション	55分
5	解答用紙とテスト用紙の回収	約10分
6	数量確認	約10分
	全体	約155分

3つのセクションの内容

● Section 1 リスニング・セクション（Listening Comprehension）

⇒3つのパート・50問を約35分で解答。

Part A（短い会話）	30問。短い会話に設問が各1問です。通常は男性と女性の会話ですが、まれに男性同士・女性同士の会話があります。
Part B（長い会話）	8問。長い会話が2つ流れます。それぞれに対し、3〜5問の設問が続きます。
Part C（ミニ・トーク）	12問。短い話が3つ流れます。それぞれに対し、3〜5問の設問が続きます。

● Section 2 文法セクション（Structure and Written Expression）
⇒2つのパート・40問を25分で解答。

Structure （穴埋め問題）	空所に入れるべき適切なものを選択肢から選び、文章を完成させます。15問あります。
Written Expression （まちがい探し問題）	文章に4カ所の下線が引かれており、そのいずれかに文法上のまちがいが含まれています。まちがいと思われる箇所の選択肢を解答用紙にマークします。25問あります。

● Section 3 リーディング・セクション（Reading Comprehension）
⇒5つのパッセージ・50問を55分で解答。

5つのパッセージ	各パッセージの設問数は一定ではありません。パッセージによって難易度が異なる場合がありますので、最初からスピードを上げて取り組みましょう。

スコア配分

● Section 1 リスニング・セクション（Listening Comprehension）

　正解数がスコアに換算されます。満点は68点です。正解数とスコアレンジの「目安」は右の表のようになっています。日本で英語教育を受けた方には、一番きついセクションと言えるでしょう。

正解数	スコアレンジ（点）
48-50	64-68
45-47	61-63
42-44	58-60
39-41	55-57
36-38	53-55
33-35	51-52
30-32	49-51
27-29	48-49
24-26	46-47
21-23	45-46
18-20	43-44
15-17	40-42
12-14	36-39
9-11	32-35
0-8	31

● Section 2 文法セクション（Structure and Written Expression）

満点は68点です。高校や大学入試のときに英語を頑張った方にとっては得点しやすいセクションです。

正解数	スコアレンジ（点）
36-40	63-68
33-35	59-62
30-32	55-58
27-29	52-54
24-26	50-51
21-23	47-49
18-20	44-46
15-17	41-43
12-14	37-40
9-11	31-36
0-8	31

● Section 3 リーディング・セクション（Reading Comprehension）

満点は67点です。文法セクションと同様に時間に追われますが、努力すれば必ず高スコアを狙えます。

正解数	スコアレンジ（点）
48-50	65-67
45-47	61-64
42-44	58-60
39-41	56-57
36-38	54-55
33-35	52-53
30-32	50-52
27-29	49-50
24-26	47-48
21-23	44-46
18-20	41-43
15-17	37-40
12-14	31-36
9-11	31
0-8	31

ITPとiBTのテスト内容の違い

団体向けペーパー試験のITPと、オンライン試験のiBTの相違点は次の通りです。

	ITP	iBT
リスニング・セクション	Part A 短い会話　30問 Part B 長い会話　8問程度 Part C ミニ・トーク　12問程度	長い会話と講義　28～39問
文法セクション	穴埋め問題　15問 まちがい探し問題　25問	
リーディング・セクション	5パッセージ　50問	3～4パッセージ　30～40問
スピーキング・セクション		スピーキング　4問
ライティング・セクション		ライティング　2問

ITPとiBTのスコアの関係

ITPのスコアと、留学の際、大学・大学院で求められるiBTのスコアを比較します。

★合計スコア

ITP	iBT	教育機関のレベル
677	120	
620	105	
600	100	難関大学、大学院
580	93	難関大学
570	88	
550	80	一般的な4年制大学
520	68	
500	61	
450	45	
400	32	
310	0-8	

☆リーディング・セクション

ITP	iBT	教育機関のレベル
67	30	
60	26	難関大学、大学院
55	20	一般的な4年制大学
45	11	
40	8	
31	0	

☆リスニング・セクション

ITP	iBT	教育機関のレベル
68	30	
60	26	難関大学、大学院
55	21	一般的な4年制大学
45	10	
40	5	
31	0	

※ETS公表のスコアに幅がある場合は、iBTでは高いほうのスコアを記載しています。

試験時の注意事項

1 休憩なし！
　途中で休憩はありません。どうしても退出する必要があるときは、静かに手を上げてスーパーバイザー（試験監督者）から許可をもらってください。ただし、リスニング・セクションでは外に出ることを許されない可能性が高いでしょう。

2 指示に従う
　試験時間内は、いかなる理由で外に出たとしても、時間を止めるようなことはありません。すべてスーパーバイザーの指示に従ってください。

3 別のセクションを解いてはだめ
　スーパーバイザーの指示に従って、該当するセクションだけを解いてください。他のセクションを解いていると Violations Notice を渡されることがあります。これはサッカーのイエローカードのようなもので、後で退場を命ぜられる可能性もあります。最悪の場合には、カンニング行為と見なされ、採点されなくなることもあります。このことは、すべてのセクションに共通です。

4 問題冊子への書き込みについて
　以前は受験中のノートテイキングが禁止されていましたが、現在では問題冊子（テストブック）へのメモ書きやマーク等が許可されています。ただし、テストを実施する団体によって対応が異なる場合もありますので、詳しくは実施団体に確認し、指示に注意してください。

5 音質に注意
　会場によって音質にばらつきがあります。リスニング・セクションの音質自体はよいのですが、試験会場が大教室の場合、複数のスピーカーがないと位置によっては音量差が生じてしまいます。音が割れることもあります。

受験時の必需品

1 消しゴムつき鉛筆（HB）……3本
　消しゴムつきであれば、鉛筆を反対に持ち替えるだけですぐにマーク訂正ができます。

2　消しゴム……1個

　小型の消しゴムのほうがマークを訂正しやすいので、使いづらくない範囲で小さめの消しゴムにしましょう。

3　小さな鉛筆削り……1個

　3本の鉛筆で十分だと思いますが、書きにくくなったときのために1つ持っておきましょう。

4　時計あるいはストップウオッチ……1個

　時間配分が大切な文法セクションとリーディング・セクションに時計は欠かせません。私はある大学院の入学試験のときに持っていった時計が止まってしまった経験があります。試験中に「あれ？　時間が止まっている」と気がつき、試験官に「あと、どのくらいの時間が残っていますか」と聞きました。親切な方でしたので、黒板に5分おきに残り時間を書いてくれました。それ以来、ペーパー試験では常に2つの時計あるいはストップウオッチを使用しています。

5　その他

　教室によって、夏は冷房で寒すぎ、冬は暖房の利きが悪いことがあるかもしれません。カーディガンなど、軽く羽織れるものを持っていきましょう。途中でお手洗いに行かなくて済むと思います。

マークシートの留意点

1　完全に塗りつぶす！

　○の真ん中のA、B、C、Dなどの文字が完全に消えるようにしてください。できれば、完全な●が最適です。例えば、リスニング・セクションのPart Aで塗り残しがあった場合には、Part Cのディレクション（指示文）が流れている間に塗りつぶしましょう。自動読み取り機で皆さんの解答用紙を処理しますから、マークが不十分だったり、他の選択肢の○部分にかかっていたりすると誤答と見なされ、スコアが低くなります。

2　誤記入に注意！

　マークシートの嫌なところは「誤記入」です。2005年末に私の塾でTOEFL ITPを行ったときに、私は文法セクションで誤記入をしてしまいました。幸い3問程度だった

のですぐに直せましたが、リスニング・セクションは、流れてくる音声に合わせて解答していきますので、誤記入をすると後から修正するのが非常に困難です。"Number 15" などのナレーターの指示をしっかり聞いてください。他のセクションでも5問ずつ番号チェックをしていきましょう。

▎スコアアップに向けて

何点を目標にするかは、ケース・バイ・ケースです。皆さんの英語力と目的によって、各セクションの目標スコアは異なるでしょう。ここでは、目標スコアをどのようにクリアするかを考えてみます。2つのケースを見ていきましょう。

1 総合スコアだけ上げればよい方

進級試験などに向けて総合スコアだけ上げればよい方は、比較的楽にスコアを向上させることができます。徹底的に文法セクションの勉強をするのです。文法セクションの最高スコアは68点です。難易度が高い問題を2つほど落としても、66点前後が取れる可能性があります。大学入試用のテキストと本書の文法セクションの「学習法」と「攻略法」を用いて2カ月集中して勉強すれば、60点台取得も可能です。

以下は、リスニングのスコアが低くても、文法セクションで62点取れれば、総合スコアが上がる例です。

リスニング・セクション	48点
文法セクション	62点
リーディング・セクション	55点
合計スコア	550点

また、文法セクションの勉強をきっちりすれば、リーディングのスコアも上がると言われています。現在トータルで450点レベルの方でも、徹底的に文法セクションの勉強をすれば、2カ月程度で数十点上げることが可能です。

2 将来のiBT受験に向けて勉強をする方

留学を視野に入れている方は、バランスの取れた勉強をすることが大切です。各セクションのスコアの伸ばし方は、セクション別の「学習法」と「攻略法」に従ってください。ここでは、450点レベルの方が、iBTである程度のスコアが取れるようにな

るスコアレンジを考えてみます。リスニング・セクションとリーディング・セクションの力は、iBTにも反映されます。また、文法セクションの学習は、リーディング・セクションとライティング・セクションのスコア向上に結びつきます。

　現在すべてのセクションが45点前後の方は、トータルで550点を目指してみてください。

〈目標スコアを550点に設定した場合〉

リスニング・セクション	52点
文法セクション	58点
リーディング・セクション	55点
合計スコア	550点

　最終的に、このようなバランスのよいスコアを取れるとよいでしょう。リスニング・セクションのスコア向上は、他のセクションよりも時間がかかります。時間の余裕を持って受験計画を立てることが重要です。

　本書で学習法と攻略法を学び弱点を把握した後は、以下のセクション別学習書などで力を伸ばしましょう。

・『改訂版　完全攻略！ TOEFL ITP® テスト リスニング』
・『完全攻略！ TOEFL ITP® テスト リーディング』
・『完全攻略！ TOEFL ITP® テスト 文法』（いずれもアルク刊）

　また、iBTへとつなげるための学習書としては、以下のものがおすすめです。

・『完全攻略！ TOEFL iBT®テスト』（アルク刊）
　iBTのすべてがわかる、受験者必携の書です。
・*The Official Guide to the TOEFL Test*（ETS刊）
　試験団体のETSが刊行しているオフィシャルガイドです。

" TOEFL ITP を受けるのは何のため？ "

　皆さんは、なぜTOEFL ITPを受けるのですか？　学校から言われて仕方がなく、という方もいるかもしれません。しかし、将来の留学を夢見ている方もいると思います。

● 将来のiBTに備えるために
　TOEFLの本試験であるiBT（Internet-Based Testing）には、スピーキングの試験が導入されています。質問されてから解答するまでの時間はかなり短いものです。日本語から英語に訳すという思考形態では対応できないのが現実です。スピーキング・セクションやライティング・セクションにはIntegrated Task（統合型問題）が含まれていて、読んだり、聞いたりした上で、話したり、書いたりする必要があります。総合的な能力が試されるため、聞けないと「答えられない」のです。日本で教育を受けた人は「リスニングが苦手」という事実はあるにしても、その克服を怠ってはいけません。

● 面接や授業のために
　英語圏で知名度の高い大学・大学院では、入学審査の際、インタビュー（面接）が必須となります。そのときに、「相手の言うことはわかるけども、返事ができない」ということでは落ちてしまいます。また合格したら、当然ながら英語で授業を受けることになります。

　"Takashi, what is the most important factor in being a good leader?"（タカシ、よきリーダーでいるために一番重要な要素は何ですか）という質問を受けたとします。"Let me think for a minute."（ちょっと待ってください）と言って3秒たちました。"Takashi!!"というおしかりとともに"You have to learn to speak English better."（もっと英語をうまく話せるようにならなくては）と教授に言われたらどうしましょう。さらに成績が悪ければ、せっかく入学したのに、drop out（自主退学）するか、それともkick out（強制退学）させられるかのどちらかです。英語から日本語に訳す時間も、日本語から英語に訳す時間もありません。

　TOEFLは、TOEICと異なり日本人のボスがいる会社に入るための試験ではないのです。将来的に留学を目指す人に向けた試験です。英語で考える力を少しずつでよいので身につけてください。

Chapter 2

問題形式を知ろう

セクションの概要と
サンプル問題

ITPテストは3つのセクションに分かれています。各セクションの概要とサンプル問題を確認しましょう。

Section 1 Listening Comprehension

リスニング・セクションの概要

セクション1はリスニングです。
全体の流れと問題の種類を確認しておきましょう。

セクション全体の流れ

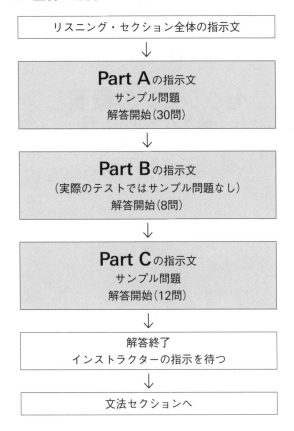

リスニング・セクション全体の指示文
↓
Part Aの指示文
サンプル問題
解答開始（30問）
↓
Part Bの指示文
（実際のテストではサンプル問題なし）
解答開始（8問）
↓
Part Cの指示文
サンプル問題
解答開始（12問）
↓
解答終了
インストラクターの指示を待つ
↓
文法セクションへ

▶ 指示文は模擬試験の冒頭（p.39、p.48、p.51）に、対訳は「解答と解説」（p.92、p.111、p.117）にあります。

リスニング・セクションの概要

1 リスニング・セクションは3つのパートからなり、合計で50問あります。

2 すべて4択問題。

3 最初に指示文とサンプル問題があります。ただし、Part Bにはサンプル問題は
ありません。サンプル問題の選択肢を読んで目を文字の大きさに慣らしておく
といいでしょう。ナレーターのGo on to the next page. の指示の後に試験問題
が続きます。

4 音声は一度しか流れません。

5 Part Aは、短い会話についての一問一答形式で30問です。学生生活や日常生活
に関する会話が出題されます。通常は男性と女性の会話ですが、まれに男性同
士や女性同士の会話があります。

6 Part Bは2つの長い会話です。1つの会話は3〜4往復続きます。その会話の内容
に関する設問が合計8問あります。

7 Part Cは3つの講義やツアーガイドなどの短いトークです。合計12問あります。

8 解答時間は約35分。

9 1つの設問当たりの解答時間は、おおよそ12〜13秒です。選択肢の速読能力と
瞬間的な判断力が要求されます。

10 会話文は試験用紙に印刷されていないので、注意して聞かなければなりません。

11 前の問題に戻ることはできません。

Section1ではまず会話やトークの音声が流れ、その直後に設問の音声が流れます（音声はすべて英語です）。設問を聞いたら、4つの選択肢から正解を選びます。

では、各パートの問題パターンを確認しましょう。

(Part A（短い会話）のサンプル問題)

（ナレーション） 🔊 MP3 002
Number one.
（会話）
Female: Excuse me, is this train going downtown?
Male: I would imagine so.
（設問）
Question: What does the man mean?

（選択肢）
(A) The train is definitely going downtown.
(B) The train is probably going downtown.
(C) The train is probably not going downtown.
(D) The train is definitely not going downtown.

［正解：B］

◆解答のポイント

このセクションではナレーターの質問に注意する必要があります。女性から電車が中心街に行くかどうかを聞かれた男性が、I would imagine so.（そう思う）と答えています。肯定しつつも確証はないので、選択肢(B)のprobablyが重要となってきます。

▶ サンプル問題の対訳はp.34にあります。

Part B（長い会話）のサンプル問題

（ナレーション）　　　　　　　　　　　　　　　🔊)) MP3 **003**

Listen to a conversation between two students.

（会話）

F:　Hi. I'm Melissa. I'm new in this dorm.

M:　Hi, Melissa. I'm Jimmy Watson. Please call me Jim.

F:　OK, Jim. Can you tell me where I can park my bike? I can't find a bike rack around here.

M:　Oh, you have to take your bike to your room.

F:　You mean I have to take it up to the third floor? But, there is no elevator.

M:　It's tough, isn't it? I'm living on the fifth floor, and sometimes I have a backache. You know, you'll be a good athlete by the time you graduate.

（設問）

Question: What is the woman's problem?

（選択肢）

(A)　The dormitory is full.

(B)　She has a pain in her back.

(C)　She doesn't know where to park her bicycle.

(D)　The elevator in the dorm is broken.

［正解：C］

◆解答のポイント

Part B では Part A よりも会話の往復が多くなります。女性は2回目の発言で Can you tell me where I can park my bike? と聞いています。よって、選択肢の (C) が正解です。会話が長くなると情報が多くなるので、誰がどの発言をしているのか意識して聞きましょう。

▶ サンプル問題の対訳は p.34 にあります。

Part C（短いトーク）のサンプル問題

（ナレーション）　　　　　　　　　　　　　　　　　　🔊 MP3 **004**
Listen to a professor giving a talk about honeybees.
（トーク）
Honeybees have a highly evolved navigational system which requires the skill to take in, process and interpret a lot of data. Honeybees actually have three different systems of navigation, perfectly adapted to suit all conditions. Primarily they rely on the sun, calculating direction using their position in relation to the sun.
（設問）
Question: What is the talk mainly about?

（選択肢）
(A) The evolution of honeybees.
(B) Honeybees' navigation.
(C) Honeybees' communication.
(D) The society of honeybees.

［正解：B］

◆**解答のポイント**

トークの主題が問われています。トピックの主題は最初か最後に述べられることがほとんどです。最初に教授がHoneybees have a highly evolved navigational system ... と述べており、この部分がキーフレーズとなります。正解は (B) です。

▶ サンプル問題の対訳はp.35にあります。

文法セクションの概要

続いてセクション2の文法問題です。
全体の流れと概要について説明します。

セクション全体の流れ

文法セクション全体の指示文

↓

Structure の指示文
サンプル問題
解答開始（15問）

↓

Written Expression の指示文
サンプル問題
解答開始（25問）

↓

解答終了
インストラクターの指示を待つ

↓

リーディング・セクションへ

▶ 指示文は模擬試験の冒頭（p.57、p.62）に、対訳は「解答と解説」（p.126、p.131）
にあります。

文法セクションの概要

1 文法知識を試すセクションです。

2 Structure（穴埋め問題）が15問、Written Expression（まちがい探し問題）が25問、合計40問。

3 すべて4択問題。

4 解答時間は25分。

5 1問に使える解答時間は平均37.5秒。

6 指示文の後にサンプル問題があります。ただし、問題パターンを知っている場合、これを読み飛ばしましょう。

7 目安として、8問目と14問目前後、および23問目と36問目前後に難易度の高い問題が出されます。この難問の解答に時間をかけすぎると最終的に時間が足りなくなります。

8 難しい問題はいったん飛ばし、最後にまた戻って解いてもかまいません。

9 Structureの解答が終わったら、すぐに次のWritten Expressionの問題に取りかかってください。

では、各パートの問題パターンを確認しましょう。

(**Structure（穴埋め）のサンプル問題**)

（問題文には1カ所、空所があります。まずこの問題文を読みます）
Usually edible mushrooms are cooked with meat, combined with other vegetables, -----------

（空所に入る適切な文言を選択肢から選びます）
(A) or using in soups and sauces for steaks.
(B) or they can be used in soups and sauces for steaks.
(C) or when they are used in soups and sauces for steaks.
(D) or used in soups and sauces for steaks.

［正解：D］

◆解答のポイント

一部が欠けた不完全な英文の空所に最も適した語句を選ぶ問題です。上の例題では、主語のmushroomsがare cookedと受け身になっているのがポイントです。続く節もmushroomsを主語とする並列と考え、(are) usedとなる(D)を選択します。

● サンプル問題の対訳はp.35にあります。

(Written Expression（まちがい探し）のサンプル問題)

（問題文の4カ所に下線が引いてあり、そのうち1カ所の表現がまちがっています。そのまちがっている箇所を選びます）

Some of <u>the</u> tectonic plates, <u>such as</u> the Pacific plate, <u>is composed</u>
     A   B   C

<u>almost entirely</u> of oceanic crust.
     D

［正解：C］

◆解答のポイント

まちがっている箇所を1つ選びます。主語のSome of the tectonic platesが複数形なので、be動詞もそれに対応させなくてはなりません。(C)のis composedを選びます。正しくは、are composedとなります。

● サンプル問題の対訳は p.35にあります。

リーディング・セクションの概要

最後に、セクション3のリーディングの詳細を確認しましょう。
サンプル問題にも挑戦してみてください。

セクション全体の流れ

Reading Comprehensionの指示文
サンプル問題
解答開始（50問）

↓

解答終了
インストラクターの指示を待つ

▶ 指示文は模擬試験の冒頭（p.69）に、対訳は「解答と解説」（p.139）にあります。

リーディング・セクションの概要

1 英文読解能力を測るセクションです。

2 合計5つのパッセージを読み、合計50問に答えます。

3 すべて4択問題。

4 解答時間は55分。

5 1パッセージあたりの語数は250〜350語程度。

6 1パッセージあたりの問題数は、おおよそ10問。

7 指示文の後にサンプル問題があります。ただし、これに取り組む必要はありません。

8 高スコアを目指すには、1パッセージを3分半から4分で読まなければなりません。速読力とスキミング力が求められます。

9 時間配分に注意。どんなに難しくとも1パッセージを11分以内に解き終える練習が必要です。

10 このセクションでテストは終わりです。解答が終わったらインストラクターの指示を待ちましょう。

では、問題パターンを確認しましょう。

(Reading Comprehension（読解）のサンプル問題)

（問題文）※サンプル問題のため語数は少なめになっています

　　As a leading figure in classical music, Leonard Bernstein was a composer, conductor, and pianist. He was born in Lawrence, Massachusetts in 1918. He studied music at Harvard University, and he studied piano at the Curtis Institute of Music in Philadelphia. In 1940, he was educated at Tanglewood which had just been opened by the Boston Symphony Orchestra. He studied conducting under Serge Koussevitsky and later became his assistant.

（設問）

What is the main idea of the passage?

（選択肢）

(A) The Curtis Institute of Music

(B) Bernstein as a student of Koussevitsky

(C) The life of Bernstein

(D) The Boston Symphony Orchestra

［正解：C］

◆解答のポイント

「パッセージの全体像」を問う問題です。リーディング・セクションでは必ずと言っていいほど出題されます。素早く読んで趣旨をつかむ訓練が必要です。他には、内容を踏まえて推測する問題、特定の語が何を指しているのかを答える問題、同義語を選択する問題、などが出題されます。

○ サンプル問題の対訳はp.36にあります。

サンプル問題の対訳

■ リスニング・セクション

○ Part A　サンプル問題対訳

（ナレーション）
問題1。
（会話）
女性：すみません、この電車は中心街に行きますか。
男性：そう思います。

（設問）
男性は何を言いたいのですか。

(A) その電車はまちがいなく中心街に行く。

(B) その電車はたぶん中心街に行く。

(C) その電車はたぶん中心街に行かない。

(D) その電車はまちがいなく中心街に行かない。

○ Part B　サンプル問題対訳

（ナレーション）
2人の学生間の会話を聞きなさい。
（会話）
女性：ハイ。私はメリッサよ。この寮は初めてなの。
男性：ハイ、メリッサ。僕はジミー・ワトソン。ジムと呼んでくれ。
女性：了解、ジム。自転車をどこにとめたらいいか、教えてくださらない。自転車ラックがここら辺に見つからなくて。
男性：ああ、自分の自転車は部屋まで運ばなければいけないんだ。
女性：3階まで運ばなければいけないって言うこと？　でも、エレベーターはないわ。
男性：きついよね。僕は5階に住んでいるんだ。たまに背中が痛くなるよ。卒業するまでにいい運動選手になりそうだね。

（設問）
女性の問題は何ですか。

(A) 寮が満室である。
(B) 背中に痛みがある。
(C) 自転車をどこにとめたらいいかわからない。
(D) 寮のエレベーターが故障している。

○Part C　サンプル問題対訳

（ナレーション）
ミツバチについて講義をしている教授の話を聞いてください。
（トーク）
ミツバチは高度に発達したナビゲーション・システムを使っている。それは膨大なデータを取り込み、処理し、解釈する技術を要する。ミツバチは実際には3つの異なるナビゲーション・システムを使っており、あらゆる条件に合うよう完璧に適合されている。第一に、ミツバチは太陽を頼りとし、太陽に対する自分たちの位置を利用して方向を計算している。

（設問）
このトークは主に何についてですか。
(A) ミツバチの進化について。
(B) ミツバチの飛行。
(C) ミツバチの意思疎通。
(D) ミツバチの社会。

■ 文法セクション
○Structure　サンプル問題対訳

（問題文）
通常、食用マッシュルームは肉と共に調理されたり、他の野菜と組み合わされたり、あるいは、スープの具やステーキのソースに使われたりする。

○Written Expression　サンプル問題対訳

（問題文）
太平洋プレートなど一部の構造プレートは、全体がほぼ海洋地殻からなる。

■ リーディング・セクション

○ Reading Comprehension　　サンプル問題対訳

（問題文）
　クラシック音楽の大御所であるレナード・バーンスタインは、作曲家であり、指揮者であり、ピアニストであった。彼は1918年にマサチューセッツ州ローレンスに生まれた。彼はハーバード大学で音楽を学び、フィラデルフィアにあるカーティス音楽院でピアノを学んだ。1940年、彼はボストン交響楽団が創設したばかりのタングルウッドで教育を受けた。彼は、セルゲイ・クーセヴィツキーの下で指揮を学び、後に彼の助手になった。

（設問）
この文の主題は何ですか。

(A)　カーティス音楽院

(B)　クーセヴィツキーの教え子としてのバーンスタイン

(C)　バーンスタインの生涯

(D)　ボストン交響楽団

Chapter 3

まずは今の実力をチェック

ITP模擬試験

模擬試験に取り組む際は制限時間を
守ってください。また、本番の試験
の前にはもう1度取り組みましょう。

この模擬試験について

　この模擬試験は、TOEFL ITPと同じ問題数・難易度で作成してあります。まず、現在の実力を測るために、実際のテストを受けるのと同じ制限時間で取り組んでください。巻末のマークシート（p.271）をコピーし、解答することをおすすめします。

　リスニング・セクション（Listening Comprehension）の音声は、p. 8を参考にダウンロードしてください。Part AのDirections（指示文）から最後のPart Cまでは、音声を止めずに解答してください。

　文法セクション（Structure and Written Expression）とリーディング・セクション（Reading Comprehension）については、自分で時間を測って取り組みましょう。

　各セクションの制限時間は次の通りです。制限時間には、指示文を読む時間も含まれています。

リスニング・セクション	約35分＊
文法セクション	25分
リーディング・セクション	55分

＊リスニング・セクションの最後に、セクション終了を示すピアノ曲が流れます（実際の試験では流れません）。曲が終わったら、次の文法セクションに移ってください。

　文法セクションとリーディング・セクションは、制限時間内であれば見直しすることが可能です。ただし、見直しができるのは、同じセクションの範囲内だけです。リーディング・セクションで余った時間に、文法セクションおよびリスニング・セクションの問題を見直すことはできません。

　すべての問題を解き終えたら、「正答一覧」（p.90）で、答え合わせをしてください。各セクションの正答数を出したら、「TOEFL ITP スコア換算式」（p.91）を参考に、合計スコアを求めましょう。

　それでは、模擬試験に挑戦してください。

▶ 各セクションの冒頭にある指示文の対訳は、「解答と解説」ページにあります。
▶ サンプル問題のスクリプトと対訳は「セクションの概要とサンプル問題」ページにあります。

Section 1 = Listening Comprehension

 MP3 **005**

In this section of the test, you are to demonstrate your ability to understand conversations and talks in English. There are three parts to this section with special directions for each part. Please answer all the questions on the basis of what is stated or implied by the speakers in this test. Do **NOT** turn the pages until you are told to do so.

Part A

Directions: In Part A, you will hear short conversations between two speakers. After each conversation, you will hear a question about the conversation. The conversations and the questions are not repeated. After you hear a question, read the four choices in your test book and choose the best answer. Then, on your answer sheet, find the number of the question and fill in the space that corresponds to the letter of the answer you have chosen.

Here is an example. Listen carefully.

On the recording, you will hear:
In your test book, you will read:

What does the man mean?
(A) The train is definitely going downtown.
(B) The train is probably going downtown.
(C) The train is probably not going downtown.
(D) The train is definitely not going downtown.

Sample Answer

Ⓐ ● Ⓒ Ⓓ

You learn from the conversation that the woman asks the man about the destination of the train, and the man replies that he imagines so. Therefore, the best answer to the question "What does the man mean?" is (B), "The train is probably going downtown."

(**Wait**)

Q 1   🔊 MP3 006

What does the woman say about the concert?
(A) She didn't want to go.
(B) She was expected to go, but couldn't.
(C) It was better than she expected.
(D) She was disappointed by it.

Q 2   🔊 MP3 007

What will the man probably do next?
(A) Go to the student office to receive his student ID.
(B) Get a roll of film.
(C) Take a test for driver's license.
(D) Find and go to a nearby photobooth.

Q 3   🔊 MP3 008

Why is the woman tired?
(A) She finished work late last night.
(B) She doesn't get enough rest.
(C) She hasn't been eating well.
(D) She's recovering from the flu.

Q 4   🔊 MP3 009

What will the woman do?
(A) Call a doctor.
(B) Drive the man to a nearby stationery store.
(C) Help the man finish his work.
(D) Give the man another assignment.

Q 5 🔊 MP3 010

What does the woman imply?

(A) She won't be finished for a while.

(B) She needs time to manage her files.

(C) She won't be long on the computer.

(D) The man should get his own computer.

Q 6 🔊 MP3 011

What does the woman mean?

(A) Her husband has just appeared.

(B) Her husband went home with a headache.

(C) She couldn't catch what Jim just said.

(D) She will go and find her husband.

Q 7 🔊 MP3 012

What does the man mean?

(A) He likes modern music.

(B) He doesn't have a favorite musician.

(C) He's not very interested in current music.

(D) He particularly likes soul music.

Q 8 🔊 MP3 013

What was the main problem with the man's old refrigerator?

(A) Water escaped from it.

(B) It was too big.

(C) It was too small.

(D) It was beginning to smell.

Q 9 🔊 MP3 014

What does the woman think of the book?

(A) It is too long.

(B) It is boring.

(C) It is easy to read.

(D) It is inaccurate.

Q 10 🔊 MP3 015

What can be understood from the conversation?

(A) The university discontinued one of its classes.

(B) The university started a new course on the environment.

(C) The university is short of money.

(D) A university department will be closed.

Q 11 🔊 MP3 016

What will the woman do?

(A) Exercise at a gym.

(B) Go to an audition.

(C) Join the student paper.

(D) Sing a song in a play next week.

Q 12 🔊 MP3 017

What does the woman imply?

(A) She couldn't work at a diner.

(B) The man doesn't get paid enough.

(C) The man is exaggerating.

(D) The man shouldn't work so much.

Q 13 🔊 MP3 018

What did the woman do with her assignment?
(A) Handed it in yesterday.
(B) Gave it to Lisa.
(C) Extended the deadline.
(D) Left it at the library.

Q 14 🔊 MP3 019

What will the woman probably do next?
(A) Go home to prepare a presentation.
(B) Go to the library to prepare a presentation.
(C) Go to the library to pick up some books.
(D) Eat dinner with the man.

Q 15 🔊 MP3 020

What does the woman mean?
(A) She doesn't mind going to the aquarium.
(B) She wants to go to the zoo.
(C) The man should go to the aquarium without her.
(D) She'll wait to see if the weather improves.

Q 16 🔊 MP3 021

What will the man probably do next?
(A) Go home to get the woman's notes.
(B) Give the woman his house keys.
(C) Call his roommate.
(D) Give the woman his roommate's phone number.

Q 17 🔊 MP3 022

What is the man doing?
(A) Fixing his computer.
(B) Downloading software.
(C) Editing a science paper.
(D) Writing a science paper.

Q 18 🔊 MP3 023

What can be inferred from the conversation?
(A) The woman's friend has had the flu.
(B) The woman's friend is a doctor.
(C) The woman's friend gave her some flowers.
(D) The woman's friend is in the hospital.

Q 19 🔊 MP3 024

What does the man imply?
(A) The woman may have forgotten to put the books in his mailbox.
(B) The woman may have put the books in his neighbor's mailbox.
(C) The woman may have put the books somewhere else on his property.
(D) The woman is lying.

Q 20 🔊 MP3 025

Who will go to the wedding?
(A) The man and the woman.
(B) Only the man.
(C) Only the woman.
(D) Neither the man nor the woman.

Q21 🔊 MP3 026

What will the woman do tonight?
(A) Go to bed early.
(B) Study for a test.
(C) Watch TV.
(D) Go dancing.

Q22 🔊 MP3 027

What happened to the wallet?
(A) The man left it in the cab.
(B) It was in the man's bag.
(C) It was in the woman's bag.
(D) It was in the man's pocket.

Q23 🔊 MP3 028

What can be inferred from the conversation?
(A) The road is clear.
(B) The woman is driving over the speed limit.
(C) Traffic is moving slowly.
(D) There are a lot of road works.

Q24 🔊 MP3 029

Why is the man worried about the interview?
(A) There is a lot of competition.
(B) He does not want to work for the company.
(C) His grades are poor.
(D) Thirty students have already been rejected.

Q 25 🔊 MP3 030

What is the man's problem?
(A) He forgot to bring something to read.
(B) He didn't book the train tickets.
(C) He got on the wrong train.
(D) He missed his train.

Q 26 🔊 MP3 031

Where does this conversation take place?
(A) In a supermarket.
(B) At an airport.
(C) In a parking lot.
(D) In a department store.

Q 27 🔊 MP3 032

What does the woman mean?
(A) She thinks the man should exercise more.
(B) She didn't hear what the man said.
(C) She thinks the man jogs too much.
(D) She thinks it is hot, too.

Q 28 🔊 MP3 033

What will the man do next Saturday?
(A) Go overseas.
(B) Get married.
(C) Move into a new house.
(D) Visit the woman's house.

Q 29 🔊 MP3 034

What does the man want to know?

(A) How the woman discovered the bank.
(B) Where the woman's bank is.
(C) How he can find the bank on the Internet.
(D) How much they charge for a replacement card.

Q 30 🔊 MP3 035

What does the man suggest they do?

(A) Cancel their plans with Emily and go to the park.
(B) Meet Emily for lunch and go to the park afterwards.
(C) Go to the park with Emily.
(D) Go to the park another day.

Part B

Directions: In this part, you will hear some longer conversations. After each conversation, you will hear several questions. The conversations and questions are not repeated. After you hear a question, read the four choices in your test book and choose the best answer. Then, on your answer sheet, find the number of the question and fill in the space that corresponds to the letter of the answer you have chosen.

Q 31-34 🔊 MP3 037

Q 31 🔊 MP3 038

What is the conversation about?
(A) Buying a dog.
(B) Taking care of a dog.
(C) Breeding dogs.
(D) Keeping fit.

Q 32 🔊 MP3 039

What is the dog's pedigree?
(A) It is a mixed breed.
(B) It is a sheepdog.
(C) It is a black labrador.
(D) It is a collie.

Q 33 🔊 MP3 040

Which of the following negative aspects of owning a dog does the man mention?
(A) It takes up a lot of his time.
(B) The dog makes his house untidy.
(C) The vet's fees are high.
(D) He can't go jogging anymore.

Q 34 🔊 MP3 041

In which of the following ways has the woman been influenced by the conversation?
(A) She has decided not to get a dog at the moment.
(B) She now thinks owning a dog would be too difficult.
(C) She has decided never to get a dog.
(D) She now thinks owning a dog may be possible.

Q 35-38 🔊 MP3 042

Q 35 🔊 MP3 043

What is the conversation about?
(A) Getting a vacation job.
(B) Going on an international exchange program.
(C) Techniques for learning a second language.
(D) Applying to be a summer camp counselor.

Q 36 🔊 MP3 044

What does the professor say about the response to his email?
(A) It generated a great deal of interest.
(B) He hasn't had time to reply to applicants.
(C) Students would prefer to spend the summer studying.
(D) A lot of students would rather get jobs.

Q 37 🔊 MP3 045

What information does the professor promise to send the student?
(A) Details about colleges, costs, and travel arrangements.
(B) Details about costs, travel arrangements, and lodging.
(C) Details about colleges, costs, and lodging.
(D) Details about colleges, travel arrangements, and lodging.

Q 38 🔊 MP3 046

What does the woman say about doing a homestay?
(A) She would like to.
(B) She would like to, but wants to meet the family first.
(C) She does not want to.
(D) She has not made up her mind.

MP3 **047**

Part C

Directions: In this part, you will hear some short talks. After the talks, you will hear several questions. The talks and questions are not repeated. After you hear a question, read the four choices in your test book and choose the best answer. Then, on your answer sheet, find the number of the question and fill in the space that corresponds to the letter of the answer you have chosen.

Here is an example. Listen carefully.

On the recording, you will hear:

Listen to a sample question.

In the test book, you will read: What is the talk mainly about?

             (A) The evolution of honeybees.

             (B) Honeybees' navigation.

             (C) Honeybees' communication.

             (D) The society of honeybees.

Sample Answer

 Ⓐ ● Ⓒ Ⓓ

The best answer to the question, "What is the talk mainly about?" is (B), "Honeybees' navigation." Therefore, the correct choice is (B).

Now, listen to the other sample question:

In the test book, you will read: How do honeybees primarily locate their position?

             (A) They calculate their relative position to the sun.

             (B) They measure the distance from the sun.

             (C) They can trace their position by using chemicals.

             (D) They randomly fly in the sky.

Sample Answer

 ● Ⓑ Ⓒ Ⓓ

The best answer to the question, "How do honeybees primarily locate their position?" is (A), "They calculate their relative position to the sun." Therefore, the correct choice is (A).

Wait

51

Q 39-43 🔊 MP3 048

Q 39 🔊 MP3 049

Where does this talk probably take place?

(A) In the class.

(B) At the airport.

(C) At a wind farm.

(D) In the farm cabin.

Q 40 🔊 MP3 050

What are the turbines' rotors made from?

(A) Fiberglass.

(B) Steel.

(C) Glass.

(D) Wood.

Q 41 🔊 MP3 051

What determines the arrangement of wind turbines?

(A) The number of birds killed by them.

(B) The strength of materials from which they are made.

(C) The number of turbines that are used.

(D) The geography of the site where the turbines will be located.

Q 42 🔊 MP3 052

Why do wind farms operate markedly below full capacity?

(A) Because turbines need to be constantly maintained.

(B) Because wind speeds are often below the maximum.

(C) Because the noise output of farms must be controlled.

(D) Because turbines located upwind block the flow of air to other turbines.

Q43 🔊 MP3 053

What does the speaker think about wind farms?

(A) They are unsightly.
(B) They are noisy.
(C) They are insufficient.
(D) They are unfairly-criticized.

Q 44-46 🔊 MP3 054

Q 44 🔊 MP3 055

Where are the Galapagos Islands located?

(A) In the Atlantic Ocean.

(B) In the Pacific Ocean.

(C) Along the coastal water of North America.

(D) In the Caribbean Sea.

Q 45 🔊 MP3 056

What kind of creature are the islands named after?

(A) A bird.

(B) A tortoise.

(C) A lizard.

(D) A sea lion.

Q 46 🔊 MP3 057

Which is the driest part of the islands?

(A) The south.

(B) The lowlands.

(C) The mountains.

(D) The interior.

Q 47-50 🔊 MP3 058

Q 47 🔊 MP3 059

Where does the talk probably take place?

(A) A forest.

(B) A farm.

(C) A botanical garden.

(D) A greenhouse.

Q 48 🔊 MP3 060

Why can visitors see the tops of the trees?

(A) Because the specimens are young.

(B) Because the viewing area is on the 2nd floor.

(C) Because the specimens are old.

(D) Because the specimens do not have leaves.

Q 49 🔊 MP3 061

What is a drupe?

(A) A flower part.

(B) A stone.

(C) A stone-fruit.

(D) A leaf feature.

Q 50 🔊 MP3 062

What is true of palm trees?

(A) They are dicots.

(B) Their trunks increase in diameter with age.

(C) They have different shapes of leaves.

(D) They are an important source of food.

STOP STOP STOP **STOP** STOP STOP STOP

Do <u>NOT</u> read or work on any other section.
Your supervisor will tell you when to begin working on Section 2.

Section 2 = Structure and Written Expression

Time: 25 minutes

In this section of the test, you have an opportunity to demonstrate your ability to recognize language that is appropriate for standard written English. There are two types of questions, with specific directions for each type.

Structure

Directions: Questions 1 - 15 are incomplete sentences. Under each sentence you will find four words or phrases, marked (A), (B), (C) and (D). Choose the one choice that best completes the sentence. Then, on your answer sheet, find the number of the question and fill in the space that corresponds to the letter of the answer you have chosen.

Example:

Usually edible mushrooms are cooked with meat, combined with other vegetables, ------------

(A) or using in soups and sauces for steaks.
(B) or they can be used in soups and sauces for steaks.
(C) or when they are used in soups and sauces for steaks.
(D) or used in soups and sauces for steaks.

Sample Answer

The sentence should read, "Usually edible mushrooms are cooked with meat, combined with other vegetables, **or used in soups and sauces for steaks**." Therefore, you should choose (D).

Please begin working on the questions.

Q 1

-----------, his coffin was dumped into an unmarked grave in a paupers' graveyard.

(A) Because Mozart was so poor
(B) Although Mozart was so poor
(C) Nevertheless Mozart was so poor
(D) Due to Mozart was so poor

Q 2

----------- their tiny size, males of the bee hummingbird species of Cuba are amazingly territorial.

(A) Despite the fact that
(B) Because
(C) Despite
(D) However

Q 3

----------- involve aberrant signs in cells.

(A) Human disorders as a great number
(B) A great number of human disorders
(C) The number of human disorders
(D) Humans as a great disorders

Q 4

Congress passed an amended embargo just before Madison's inauguration, -----------, which opened trade to all nations but France and Britain.

(A) knowing to be the Non-Intercourse Act
(B) which now being knowing as the Non-Intercourse Act
(C) known as the Non-Intercourse Act
(D) that knowing as the Non-Intercourse Act

Q 5

Counties usually administer health laws, ------------, and maintain a court system.

(A) park operate and recreation areas
(B) operate parks and recreate areas
(C) operate parks and recreation areas
(D) parks operating and recreation areas

Q 6

The metamorphosis of butterflies and moths is ------------

(A) completely different than grasshoppers.
(B) more complete than those of grasshoppers.
(C) more complete than that of grasshoppers.
(D) complete more than those of grasshoppers.

Q 7

------------, it is important that scientists use the same units.

(A) When communication information
(B) Communicating information
(C) When communicating information
(D) While being information communicated

Q 8

------------, Francisco Goya painted many portraits of the royal family in the early 19th century.

(A) As the favorite artist of the Spanish court
(B) Favorite artist of the Spanish court
(C) For the artist of the favorite Spanish court
(D) With the favorite of the Spanish artist court

Q 9

The Yale Child Study Center has been a well-known center ------------ since the early 1900's.

(A) as being research into child development
(B) such as child developmental researching
(C) as researcher into child development
(D) for research into child development

Q 10

------------, farmers suffering economic decline became concerned with the problems of the modern economy.

(A) When industrialization is beginning to dominate
(B) As industrialization began to dominate
(C) While industrialization begins to dominate
(D) If industrialization had begun to dominate

Q 11

Fairy rings are a grass disease caused by fungi that grow uniformly in the soil, ------------

(A) which spreading out in a larger circle each year.
(B) spreading out in a larger circle each year.
(C) which spread out in a larger circle each year.
(D) spread out in a larger circle each year.

Q 12

Tea grows well in temperate and tropical zones, ------------

(A) the place there the rainfall is evenly distributed throughout the year.
(B) where the rainfall is even distributed year throughout.
(C) where the rainfall is evenly distributed throughout the year.
(D) the rainfall is evenly distributed throughout the year.

Q 13

In 1988 Audrey Hepburn became UNICEF's special ambassador, ----------- to draw attention to underprivileged children around the world.

(A) used the public's fascination with her
(B) using fascination with her public
(C) being used the public's fascination with her
(D) using the public's fascination with her

Q 14

Through metamorphosis, an animal's body changes, ------------

(A) and so that does its behavior.
(B) and so as to its behavior.
(C) and such that its behavior.
(D) and so does its behavior.

Q 15

In 1964, ------------, an act creating the National Wilderness Preservation System passed in Congress.

(A) after eight years of deliberation and 66 drafts
(B) being eight years of deliberation and 66 drafts
(C) eight years of deliberation and 66 drafts
(D) after deliberation, 66 drafts, and eight years

Written Expression

Directions: From question 16 to 40, each sentence has four underlined words or phrases. The four underlined parts of the sentence are individually marked (A), (B), (C) and (D). Indicate the one underlined word or phrase that must be corrected for the sentence to have the correct meaning. Then, on your answer sheet, find the number of the question and fill in the space that corresponds to the letter of the answer you have chosen.

Example:

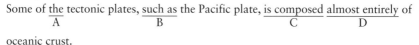

Some of the tectonic plates, such as the Pacific plate, is composed almost entirely of
         A   B   C   D

oceanic crust.

Sample Answer

Ⓐ Ⓑ ● Ⓓ

The sentence should read, "Some of the tectonic plates, such as the Pacific plate, **are** composed almost entirely of oceanic crust." Therefore, you should choose (C).

Please begin working on the questions.

Q 16

In 1964, John Kemeny and Thomas Kurtz were invented
  A   B

the renowned programming language *BASIC* for interactive computing purposes.
               C   D

Q 17

A dialect is a form of speech which is used only in a certain district and is
                A   B   C

different of the standard language.
   D

Q 18

Research into DNA recombinant technology will beneficial to people by
   A   B

modifying microorganisms into "factories" which can produce large quantities
                                     C   D

of medically useful substances.

Q 19

Over the past 30 years, marine biologists have disclosed that jellyfish in their
                                      A   B

own habitat are among the most numerous, effectiveness, and ingenious
           C   D

predators on Earth.

Q 20

A plain telegraph is <u>consisted of a battery</u> that provides electricity, a telegraph
A

key <u>for</u> sending signals, an electromagnetic sounder <u>at the receiving end</u>, and a
  B   C

wire <u>that</u> connects the sender and receiver.
    D

Q 21

<u>In addition for</u> portraits, Francisco Goya painted <u>historical scenes</u> such as *The*
    A   B

Third of May, 1808, <u>which</u> depicted the execution of Spanish rebels <u>by</u> the
                     C   D

French military.

Q 22

<u>In ancient times,</u> <u>sharpened stones</u> were used <u>to skin</u> trapped animals, to cut
    A   B   C

down tree branches, <u>by shaping bone tools</u>, and to scrape animal hides.
                     D

Q 23

<u>When</u> Hurricane George passed, people witnessed <u>25-feet waves</u> <u>whipped by</u>
  A   B   C

gusts of wind with speeds <u>as high as</u> 70 miles per hour.
                         D

Q 24

Sound waves <u>are produced</u> when <u>objects</u> move, <u>vibrate</u>, or <u>striking</u> other objects.
          A   B   C   D

Q 25

Scientists have <u>given attention to</u> dwarf galaxies <u>only</u> in recent years <u>because of</u>
  A B C

most of them are <u>so faint</u>.
  D

Q 26

Atoms <u>are</u> combined <u>to form</u> molecules, and the forces of attraction
  A B

<u>between them</u> <u>is called</u> chemical bonds.
  C D

Q 27

<u>Not alike</u> other minerals, quartz has <u>a</u> rigid framework <u>where</u> all of the
  A B C

tetrahedra <u>are tightly bound</u>.
  D

Q 28

<u>A loss</u> of food in <u>a substantial proportion of</u> the population can result from
  A B

unemployment, from a decline in purchasing power <u>or by a shift</u> in the exchange
  C

rate <u>between</u> goods sold and food bought.
  D

Q 29

In 1776, a Virginian, Richard Henry Lee, <u>introduced</u> <u>series of</u> formal resolutions
  A B

in Congress, <u>demanding</u> independence and <u>a national government</u>.
  C D

Q 30

Since mushroom farming requires cool, moisture air, mushrooms are grown in
  A   B   C

caves or indoors on shelves.
        D

Q 31

Through her tireless efforts, Dian Fossey finally gained the gorillas' trust and
  A   B

eventually became a renowned expert on its behavior.
          C   D

Q 32

When Marilyn Monroe passed away in 1962, her former husband, Joe
                      A

DiMaggio, made a pledge to place fresh flowers on her grave every Sundays.
          B   C   D

Q 33

Writing and mathematical systems allowed the Maya to create calendars,
                           A

make calculations, and rule large number of people through bureaucracies.
     B   C   D

Q 34

The U.S. Fuel Administration, which was established in 1917, was concerned
                        A

mainly to coal production and conservation of energy.
  B   C   D

Section 1

Section 2 》 Written Expression

Section 3

Q 35

The railroad system, which provided <u>most of</u> the inter-city transportation in the
　　　　　　　　　　　　　　　　　　 A

United States, nearly collapsed <u>in the winter of 1917</u> because of
　　　　　　　　　　　　　　　　 B

<u>highly wartime demand</u> and <u>heavy snows</u> which slowed service.
　　　　 C　　　　　　　　　　　 D

Q 36

<u>Although</u> crows are <u>omnivores</u>, they do not <u>eat food</u> if it <u>smells badly</u>.
　 A　　　　　　　 B　　　　　　　　　　 C　　　　　　 D

Q 37

<u>The level of</u> investment <u>is determined by</u> the equilibrium
　　 A　　　　　　　　　 B

<u>among the marginal efficiency</u> of capital and <u>the rate of interest</u>.
　　　　　　 C　　　　　　　　　　　　　　　　 D

Q 38

It was <u>not until</u> the magnetic effects of electric currents <u>was studied</u> <u>that</u> a
　　　　 A　　　　　　　　　　　　　　　　　　　　　 B　　 C

practical telegraph system <u>became available</u>.
　　　　　　　　　　　　 D

Q 39

<u>The original</u> of water on the Earth <u>is linked to</u> the reactions <u>by which</u> water-
　　 A　　　　　　　　　　　　 B　　　　　　　　　　 C

containing silicate minerals <u>were formed</u>.
　　　　　　　　　　　　 D

Q 40

Plants play <u>an important</u> role in the cycle of water in that <u>their</u> roots <u>take in</u>
      A   B   C

water that has seeped <u>onto</u> the earth.
                        D

Section 3 = Reading Comprehension

Time: 55 minutes

Directions: In this section of the test, you will read several passages. Each passage is followed by several questions about it. For each question 1 - 50, you must choose the one best answer; (A), (B), (C) or (D). Next, on your answer sheet, find the number of the question and fill in the space that corresponds to the letter of the answer you have chosen. Answer all questions following a passage on the basis of what is stated or implied in the passage.

Read the following passage:

As a leading figure in classical music, Leonard Bernstein was a composer, conductor, and pianist. He was born in Lawrence, Massachusetts in 1918. He studied music at Harvard University, and he studied piano at the Curtis Institute of Music in Philadelphia. In 1940, he was educated at Tanglewood, which had just
Line
5   been opened by the Boston Symphony Orchestra. He studied conducting under Serge Koussevitsky and later became his assistant.

Example:
What is the main idea of the passage?

(A) The Curtis Institute of Music
(B) Bernstein as a student of Koussevitsky
(C) The life of Bernstein
(D) The Boston Symphony Orchestra

Sample Answer

The main idea of the passage is about the life of Bernstein; therefore, you should choose the choice (C).

Please begin working on the questions.

Q 1-9

The natural world teems with beautiful sights, and few are as spectacular as that of an Asian peacock displaying its feathers. Yet it is unlikely that such ornate feathers appear on birds for reasons of aesthetics only. The gold and green feathers of the Asian peacock, with its "eyespot" markings of a color so unique it is known as peacock blue, are not only a visual delight, but also serve as an attraction to the female of the species prior to and during mating.

Line
5

The female peacock, known as the peahen, chooses her mate based on the quality of his plumage, the critical factor being the number and size of eyespots. In 1994, Marion Petrie, a zoologist at Oxford University, performed an experiment to determine whether the offspring benefited in any way from this preference on the part of the mother. She discovered that the babies of peacocks with the most eyespots were generally larger than others 84 days after birth.

10

The birds were then taken from the controlled environment and released into the comparatively wild habitat of Whipsnade Park, where the presence of foxes and other predators reduced the size of the sample population by 59 percent. By analyzing the population, it became apparent that the larger birds had a higher chance of survival than the smaller ones.

15

Petrie observed that the offspring of those males with a more ornate plumage have a higher chance of survival under near-natural conditions. This led her to conclude that the peahen may be attracted by genetic information apparent in the ornamental train of a peacock.

20

Since Petrie's results were published, various studies have been attempted to determine whether humans also have visible attractive characteristics carrying genetic information. One such study with promising results has focused on the male jawline.

25

Q 1

With which of the following statements would the author most likely agree?
(A) The feathers of an Asian peacock are commonly seen in nature.
(B) The Asian peacock has only a few spectacular feathers.
(C) The feathers of an Asian peacock are one of the most beautiful sights in nature.
(D) The Asian peacock only displays a few of its most ornate feathers.

Q 2

The phrase "teems with" in line 1 is closest in meaning to

(A) is filled with

(B) is alone in having

(C) likes

(D) lacks

Q 3

The word "aesthetics" in line 3 is closest in meaning to

(A) taste

(B) beauty

(C) nature

(D) affluence

Q 4

The phrase "the species" in line 6 refers to

(A) the gold and green feathers

(B) the Asian peacock

(C) its "eyespot" markings

(D) a visual delight

Q 5

The word "his" in line 8 refers to

(A) the female peacock

(B) the peahen

(C) her mate

(D) a zoologist

Q6

The main purpose of the second paragraph is to
(A) introduce Marion Petrie
(B) explain how the female peacock attracts the mate
(C) report on Petrie's experiment
(D) describe how beautiful the eyespots of peacocks are

Q7

Which of the following does the author imply?
(A) Foxes are damaging to any ecosystem.
(B) Whipsnade Park is a relatively natural environment.
(C) There is no link between the genetic makeup of a peacock and its plumage.
(D) Petrie's experiment was not performed under the proper conditions.

Q8

The word "genetic" in line 20 is closest in meaning to
(A) environmental
(B) normal
(C) typical
(D) hereditary

Q9

Which of the following will the author probably go on to discuss in the next paragraph?
(A) Criticisms of Petrie's study
(B) Other studies of birds and their ornamental feathers
(C) How peahens attract peacocks
(D) Studies on human characteristics and genetic information

Q 10-20

The Italian physicist Galileo discovered the scientific principle of isochronism, which states that the period of time it takes for an object suspended from a fixed point to oscillate back and forth under the influence of gravity remains the same regardless of the size of its arc. In 1657, the Dutch scientist Christiaan Huygens used this discovery to invent the pendulum, a device still used in certain types of clock today to keep time accurately.

The type of pendulum used in clocks is known as a compensation pendulum. It works in exactly the same way as a simple pendulum, only, as the name suggests, it has a compensatory component. The problem with the simple pendulum is that as temperatures affect the length of the rod, the oscillation period varies. Thus, in winter, when cold temperatures shorten the metallic bar, clocks go too fast and in summer, when heat expands the metal, too slow. In order to solve this problem, compensation pendulums using mercury or a gridiron came into use.

The mercury pendulum uses the special properties of mercury to counteract differences in temperature. It uses a glass tube almost full of the silver liquid, and when the pendulum begins to drop due to high temperatures, the mercury immediately starts to expand upwards to offset the change. The principle works inversely when temperatures are low. Because mercury's thermal coefficient of expansion is basically constant, mercury pendulums are precise.

The gridiron pendulum compensates for heat and cold in an entirely different way. It is composed of a highly intricate grid of upright metal bars. All of these have differing coefficients of expansion due to their varied compositions. If their comparative lengths are skillfully attuned, the pendulum will suffer no imprecision on account of temperature changes.

Perhaps the most famous pendulum, however, is the Foucault pendulum, named after its creator, Jean Bernard Leon Foucault. It is not a timekeeping device at all, but is used to demonstrate the rotation of the Earth.

Q 10

What does the passage mainly discuss?
(A) The phenomenon of isochronism
(B) Pendulums and their application to timekeeping
(C) Pendulums and their application to astronomy
(D) Foucault's pendulum

Q 11

Which of the following words best reflects the meaning of the word "oscillate" in line 3?

(A) prompt

(B) rotate

(C) move

(D) swing

Q 12

The pronoun "its" in line 4 refers to

(A) the scientific principle

(B) the period of time

(C) an object

(D) a fixed point

Q 13

According to the passage, who devised the pendulum?

(A) Galileo

(B) An Italian physicist

(C) Christiaan Huygens

(D) Jean Bernard Leon Foucault

Q 14

Which of the following correctly describes the seasonal discrepancies of a clock using a simple pendulum?

(A) It goes too fast in winter and summer.

(B) It goes too slow in winter and summer.

(C) It goes too slow in winter and too fast in summer.

(D) It goes too fast in winter and too slow in summer.

Q15

According to the passage, a pendulum changes its speed by the influence of

(A) the size of the arc

(B) gravity

(C) the weight of the pendulum

(D) the length of the pole

Q16

Which of the following is NOT stated about mercury?

(A) It is silver.

(B) It is fluid.

(C) It is less expensive than a gridiron.

(D) It is heat-sensitive.

Q17

The word "counteract" in line 15 is closest in meaning to

(A) offset

(B) accelerate

(C) thwart

(D) increase

Q18

The word "comparative" in line 24 is closest in meaning to

(A) absolute

(B) relative

(C) mismatched

(D) skillful

Q 19

Which of the following statements would the author agree with?
(A) All pendulums are used for timekeeping.
(B) Pendulums are a useful scientific apparatus.
(C) Most pendulum clocks are inaccurate.
(D) Many pendulums are simply designed.

Q 20

It may be inferred from the passage that the Foucault pendulum is used for
(A) checking the correctness of the Earth's rotation
(B) experimenting with new usages for a pendulum
(C) announcing the time of a day
(D) showing the Earth's rotation

Q 21-30

Tropical oceans play host to the world's coral reefs, fragile ecosystems that sustain a staggering proportion of all known marine life. In 1979, a process that jeopardizes the delicate balance of coral reefs was discovered. Coral
Line bleaching, as the process is known, was officially linked to global warming in
5 1999 by findings from a scientific study carried out at the University of Georgia, Athens.

Coral bleaching occurs when the symbiotic algae that inhabit coral lose the ability to photosynthesize, consequently depriving the reef of energy. They are then expelled from the coral, which is left with only its white frame — hence
10 the term bleaching. It was discovered during the course of the research that unusually warm waters were to blame for this phenomenon.

Field research for the study was conducted in 1997 in the Florida Keys when water temperatures were exceptionally high. Using a technique called pulse-amplitude modulation fluorometry, investigators monitored algae at
15 various depths and found that, as water temperatures rose, the efficiency of D1, a protein necessary for photosynthesis, was severely impaired. Once this damage reached a certain, irreversible level, the affected algae were expelled from the coral.

It is possible for coral to recover from an isolated bleaching incident, but
20 recurring episodes may kill the coral and the various species that rely on it for support. A Greenpeace report claims that coral bleaching will have a drastic effect on all major coral reefs by 2050 if temperatures continue rising at projected rates.

Global warming, however, only accounts for a percentage, albeit a high
25 one, of coral bleaching. Other suggested causes include water pollution, ultraviolet radiation, and disease-carrying microbes.

Q 21

What is the main idea of the passage?
(A) Tropical oceans
(B) Coral reefs
(C) Coral bleaching
(D) Global warming

Q 22

The word "fragile" in line 1 is closest in meaning to

(A) delicate

(B) strong

(C) insignificant

(D) rigid

Q 23

What is implied in the passage about the relationship between coral and symbiotic algae?

(A) Coral needs symbiotic algae for camouflage.

(B) Coral needs symbiotic algae for energy.

(C) Symbiotic algae need coral for photosynthesis.

(D) Symbiotic algae need coral for camouflage.

Q 24

Why, according to the passage, is the term bleaching used to describe the damage to coral?

(A) It is related to photosynthesis.

(B) It reduces energy.

(C) It reduces color.

(D) It increases heat.

Q 25

The word "impaired" in line 16 is closest in meaning to which of the followings?

(A) worsened

(B) repaired

(C) noticed

(D) enhanced

Q 26

The word "drastic" in line 21 is closest in meaning to

(A) severe
(B) ultimate
(C) unsustainable
(D) unknown

Q 27

The author mentions "a Greenpeace report" in paragraph 4 in order to

(A) give an example of measures against coral bleaching
(B) illustrate the potential scale of the problem of coral bleaching
(C) introduce a plan to combat coral bleaching
(D) publicize the strategy of Greenpeace

Q 28

Which of the following words best reflects the meaning of the phrase "accounts for" as used in line 24?

(A) comprises
(B) justifies
(C) directs
(D) explains

Q 29

With which of the following statements would the author probably agree?

(A) Symbiotic algae are the most prevalent life form in coral.
(B) Complete recovery is usually possible even after repeated outbreaks of bleaching.
(C) Coral can reproduce at a rate matching its destruction.
(D) Global warming is the major cause of coral bleaching.

Q 30

Where in the passage does the author mention the year in which the field study was carried out?

(A) Lines 2 - 3
(B) Lines 3 - 6
(C) Lines 12 - 13
(D) Lines 21 - 23

Q 31-40

Baltimore was settled by the British in 1661, and flourished initially as a busy tobacco port. Maryland was at that time on a par with Virginia where tobacco farming was concerned, and the area surrounding Baltimore abounded
Line with small tobacco farms as well as a handful of larger plantations. The
5 relatively warm and frost-free climate of Maryland, along with its fertile growing regions such as Piedmont, suited tobacco farming perfectly. Furthermore, high prices for the commodity did nothing to discourage farmers from cultivating the lucrative crop.

As is the case with the majority of port towns, Baltimore's shipbuilding
10 industry also grew rapidly. Indeed, the Baltimore Clipper, a fast-sailing ship, is still renowned in shipbuilding circles. Although the origins of the Baltimore Clipper are fairly obscure, it would be reasonable to assume that the ships were customarily built in the port itself. What is clear is that the clipper was internationally respected as a high-performance sailing ship. It also had the
15 dubious honor of being favored by pirates and smugglers alike.

During the 18th century, Baltimore experienced something of a development explosion due to the wheat growing taking place around Pennsylvania and Maryland. This activity generated a huge amount of income, and cities in the region, particularly Baltimore and Philadelphia, benefited
20 greatly. The market for the crop appeared infinite, and in order to meet the huge demand, mills sprang up all over Baltimore. Mill owners contributed to the booming economy by building warehouses and offices. The advertising industry also profited from the intense competition between merchants of different towns.

25   The wheat milling industry, in fact, turned Baltimore into the economically diverse city that it is today. Yet, the city's present industries reflect two centuries' worth of development.

Q 31

Which of the followings would be the best title for the passage?

(A) The shipbuilders in Baltimore

(B) The agricultural development in the United States

(C) The 18th century, the historical moment for the U.S. industry

(D) The development of a city, Baltimore

Q 32

According to the passage, which of the following land conditions were required for tobacco farming?

(A) Warm and frosting

(B) Warm and fertile

(C) Large and fertile

(D) Small and frosting

Q 33

The word "obscure" in line 12 is closest in meaning to

(A) renowned

(B) reasonable

(C) clear

(D) indistinct

Q 34

The word "It" in line 14 refers to

(A) the majority of port towns

(B) Baltimore's shipbuilding industry

(C) the Baltimore Clipper

(D) the port

Q 35

Which of the following statements best suggests the development of Baltimore in the 18th century?

(A) The majority of port towns built clippers.

(B) The tobacco was exported to other nations by clippers.

(C) The shipbuilding industry only contributed to the development of Baltimore.

(D) The wheat farming contributed to the development of Baltimore.

Q 36

The author mentioned "The advertising industry" in lines 22-23 in order to

(A) explain that the intense competition occurred among the milling industry

(B) suggest that many industries grew rapidly

(C) explain that advertising wheat milling was important

(D) suggest that the advertising industry was important

Q 37

Which of the following could be implied from the passage?

(A) Baltimore did not flourish until the 18th century.

(B) Farmers were discouraged from cultivating tobacco.

(C) Baltimore's mill owners monopolized the wheat market.

(D) It seemed the wheat market could not be saturated.

Q 38

The main purpose of the third paragraph is

(A) To explain the huge demand for wheat grown around Baltimore

(B) To explain the role of warehouses and offices in the wheat distribution chain

(C) To explain how an agricultural product gave rise to industrial expansion

(D) To counter negative opinions of mill owners in Baltimore

Q 39

According to the passage, which of the following is true of both tobacco and wheat?

(A) They both were cultivated since 1661.
(B) They both were profitable crops.
(C) They both required a lot of labor.
(D) They both were grown exclusively in Pennsylvania.

Q 40

What will the author probably go on to discuss in the next paragraph?

(A) Baltimore's industry in the 19th century
(B) Modern-day industry in Baltimore
(C) The growth of the advertising industry in Baltimore
(D) The benefits of being economically diverse

Q41-50

Ever since Darwin wrote his heretical *"The Origin of Species"* in 1859 proposing that men were not always as they are now, the human mind has speculated on what we were before. Darwin's theory that man is descended from apes is now widely accepted, as is his more tentative speculation that the origins of the human race are to be found in Africa. The dissent now lies in how and when we became human. This *"missing link"* has been at the forefront of the debate about human evolution for the better part of a century.

Paleontological discoveries initially thought to prove the link have been numerous although some, like *"the Piltdown Man"* of 1912, have proved to be simple hoaxes. Still others, such as Neanderthal Man, have, after careful analysis, been rightly dismissed as feasible possibilities and a few, including *"Pithecanthropus erectus"* have, due to the preconceptions of the day, been ignored by the leading authorities in the field without sufficient scrutiny.

Notwithstanding the discoveries outlined above, various digs over the last century have yielded many important and revealing fossils and other materials that go some way towards proving the existence of a missing link between humans and anthropoids. Perhaps one of the most important of these finds was 40 percent of a female skeleton in 1974. This discovery was dated as being 3 million years old and was without doubt hominid, a bipedal primate, just like modern man. Because a skeleton is a mirror image, scientists were able to reconstruct 70 percent of Lucy, the moniker given to the creature by her excavators. Discoveries such as this help to fuel the public imagination about our origins and give much needed funding to the science of paleontology.

Another discovery in 1986 turned the theory of a single line of human descent on its head. Up to this point, the assumption that human evolution followed a singular lineage held sway but various discoveries in the mid-80's seemed to prove that it functioned more like a tree with numerous branches, of which modern man is the sole survivor. This explained many theories previously dismissed as unworkable, despite being backed up by actual fossils, and gave paleontologists a new theoretical framework within which to work.

Q41

What is the main idea of the passage?
(A) Darwin's theory of evolution
(B) The missing link between humans and apes
(C) Paleontological discoveries in the 20th century
(D) The lineage of human evolution

Q42

The word "heretical" in line 1 is closest in meaning to
(A) famous
(B) orthodox
(C) fascinating
(D) unconventional

Q43

According to the passage, how long has the "*missing link*" debate in line 6 been prominent?
(A) almost a century
(B) since 1859
(C) since 1912
(D) only part of a century

Q44

The word "analysis" in line 11 is closest in meaning to
(A) hoax
(B) possibility
(C) preconception
(D) scrutiny

Q 45

According to the passage, "*the Piltdown Man*" stated in line 9 is
(A) a perfect Neanderthal specimen
(B) to help prove Darwin's theory of human evolution
(C) of no significance to paleontologists
(D) an example of "*Pithecanthropus erectus*"

Q 46

The word "moniker" in line 21 is closest in meaning to
(A) name
(B) scientific designation
(C) classification
(D) being

Q 47

Which of the following is true of the creature Lucy mentioned in line 21?
(A) It is a male primate.
(B) It walked on two legs.
(C) It is anthropoid rather than human.
(D) It was discovered three million years ago.

Q 48

The word "it" in line 27 refers to
(A) discovery
(B) theory
(C) assumption
(D) human evolution

Q 49

According to the passage, the discoveries in the 20th century helped paleontologists

(A) raise enough money for the study
(B) suggest the importance of popular imagination
(C) prove the existence of a single lineage
(D) understand how fossilization occurred

Q 50

Which of the following does the author imply?

(A) Some leading paleontologists had unfairly rejected scientific evidence.
(B) Neanderthal man cannot be proved to be of the hominid family.
(C) The reconstruction of Lucy's skeleton is inaccurate.
(D) Human origins are more likely to lie in China than Africa.

STOP STOP STOP **STOP** STOP STOP STOP

You have reached the end of Section 3.
If you have finished Section 3 early, you may check Section 3 again.

Memo

Chapter 4

正解と訳を確認

解答と解説

模試を終えたらすぐに答え合わせを
しましょう。正答を導く要点を解説
しています。

正答一覧

Section1
Listening Comprehension

1	D	11	B	21	B	31	B	41	D
2	D	12	D	22	B	32	A	42	B
3	B	13	B	23	C	33	B	43	D
4	C	14	D	24	A	34	D	44	B
5	A	15	A	25	A	35	B	45	B
6	D	16	C	26	A	36	D	46	B
7	C	17	B	27	D	37	C	47	D
8	A	18	D	28	C	38	D	48	A
9	C	19	B	29	A	39	C	49	C
10	A	20	A	30	C	40	A	50	D

Section 2
Structure and Written Expression

1	A	11	B	21	A	31	D
2	C	12	C	22	D	32	D
3	B	13	D	23	B	33	C
4	C	14	D	24	D	34	C
5	C	15	A	25	C	35	C
6	C	16	B	26	D	36	D
7	C	17	D	27	A	37	C
8	A	18	B	28	C	38	B
9	D	19	D	29	B	39	A
10	B	20	A	30	B	40	D

Section 3
Reading Comprehension

1	C	11	D	21	C	31	D	41	B
2	A	12	C	22	A	32	B	42	D
3	B	13	C	23	B	33	D	43	A
4	B	14	D	24	C	34	C	44	D
5	C	15	D	25	A	35	D	45	C
6	C	16	C	26	A	36	B	46	A
7	B	17	A	27	B	37	D	47	B
8	D	18	B	28	A	38	C	48	D
9	D	19	B	29	D	39	B	49	A
10	B	20	D	30	C	40	B	50	A

TOEFL ITP　スコア換算式

● スコア換算の方法

各セクションの正答数を数えて、スコア換算表に基づいて計算してください。

　　　　　　　　　Section 1　　　Section 2　　　Section 3

1　正解数　　　＿＿＿＿＿　　＿＿＿＿＿　　＿＿＿＿＿

2　換算スコアのレンジ
（例えば Section 1 の正答数が48問の場合、スコア換算表より、下のレンジは64、
上のレンジは68となる）

　　　　　　　　　Section 1　　　Section 2　　　Section 3

下のレンジ　　＿＿＿＿＿　＋　＿＿＿＿＿　＋　＿＿＿＿＿　＝A　☐

上のレンジ　　＿＿＿＿＿　＋　＿＿＿＿＿　＋　＿＿＿＿＿　＝B　☐

3　合計スコアのレンジ

A ☐ × 10 ÷ 3 ＝ ☐

B ☐ × 10 ÷ 3 ＝ ☐

小数点以下は、四捨五入してください。

皆さんのスコアレンジは…… A ＿＿＿＿ 点 ～ B ＿＿＿＿ 点となります。

● スコア換算表

正答数	Section 1	Section 2	Section 3
48-50	64-68		65-67
45-47	61-63		61-64
42-44	58-60		58-60
39-41	55-57	67-68	56-57
36-38	53-55	63-66	54-55
33-35	51-52	59-62	52-53
30-32	49-51	55-58	50-52
27-29	48-49	52-54	49-50
24-26	46-47	50-51	47-48
21-23	45-46	47-49	44-46
18-20	43-44	44-46	41-43
15-17	40-42	41-43	37-40
12-14	36-39	37-40	31-36
9-11	32-35	31-36	31
0-8	31	31	31

Section 1 = Listening Comprehension (Part A)

このセクションでは、英語による会話やトークを理解する能力を示してもらいます。このセクションは3つのパートに分かれており、それぞれのパートに個別の指示文があります。テストでは、話者が述べたことやほのめかしたことを基準に、すべての質問に解答してください。指示があるまで、ページをめくってはいけません。

Part Aの指示文対訳

指示文：パートAでは、2人の話者の短い会話を聞きます。それぞれの会話の後で、会話に関連した設問が流れます。会話や設問は繰り返されません。設問を聞いた後に問題用紙に書かれた4つの選択肢を読み、最適なものを選びなさい。その後、解答用紙で問題番号を見つけ、あなたが選んだ解答に該当する箇所を塗りつぶしなさい。

例を示します。注意深く聞いてください。

音声が流れます。

問題用紙を読みます。
男性は何を言いたいのですか。
　(A) その電車はまちがいなく中心街に行く。
　(B) その電車はたぶん中心街に行く。
　(C) その電車はたぶん中心街に行かない。
　(D) その電車はまちがいなく中心街に行かない。

会話から、女性が男性に電車の目的地を質問し、男性が「そう思う」と返事したことがわかります。従って、質問の「男性は何を言いたいのですか」に対する最適な返事は(B)「その電車はたぶん中心街に行く」です。

▶ 会話のスクリプトは「Part Aのサンプル問題」(p.24)にあります。

Q 1 正解 （D） 🔊 MP3 006

スクリプト・訳

M: Didn't you go to the concert last night?

F: Yes. It didn't live up to my expectations, though.

Q: What does the woman say about the concert?

男性：昨日の夜、コンサートに行かなかったのかい。

女性：行ったわ。でも期待どおりではなかったわ。

設問：女性はコンサートについて何と言っていますか。

(A) 彼女は行きたくなかった。

(B) 彼女は行くつもりだったが、行けなかった。

(C) コンサートは予想よりもよかった。

(D) 彼女はコンサートにがっかりした。

解説 Yes.（行ったわ）の部分と、didn't live up to 〜 もしくは though を聞き逃さないようにしましょう。live up to 〜 は「〜に沿う（〜の通りである）」という意味で、よい内容にも悪い内容にも使えます。文末の though（でも）から、否定的な内容を言っていることがわかります。

Q 2 正解 （D） 🔊 MP3 007

スクリプト・訳

F: I don't think your photo is the right size for a driver's license.

M: To tell the truth, I had it taken for my student ID. Well, is there a place around here where I can get one taken quickly?

Q: What will the man probably do next?

女性：あなたの写真は、運転免許証用のサイズではありませんね。

男性：実を言うと、学生証用に撮ったんです。ええと、この辺ですぐに撮ってくれるところはありませんか。

設問：男性はおそらく次に何をしますか。

(A) 自分の学生証を受け取るために、学生課に行く。

(B) フィルムを1本入手する。

(C) 運転免許証のためにテストを受ける。

(D) 近隣の写真ブースを探し、そこへ行く。

解説 女性の発言から photo（写真）が問題であることがわかります。photo に関連する選択肢は、(B) と (D) です。男性の発言にある get one taken の one は、「写真」を指すので (D) が正解です。

Q3 正解 (B) 🔊 MP3 008

スクリプト・訳

M: Are you all right? You don't look well today.

F: Oh, I'm just tired. I've been burning the candle at both ends lately.

Q: Why is the woman tired?

男性：大丈夫かい。あまり具合がよくないみたいだね。

女性：いえ、少し疲れているだけよ。最近朝早くから夜遅くまで忙しいの。

設問：女性はなぜ疲れているのですか。

(A) 昨夜遅くに仕事を終えた。
(B) 十分に休息していない。
(C) しっかり食べていない。
(D) インフルエンザから回復しつつある。

解説　疲れる理由としてもっともらしい(A)を選択してしまうかもしれませんが、会話では「仕事を終わらせた」とは述べられていません。ポイントは burn the candle at both ends で、「朝から晩まで忙しい生活をする、無理なことをして体力を使い果たす」という意味です。burn the midnight oil（〈仕事や勉強で〉徹夜をする）という表現もあります。

Q4 正解 (C) 🔊 MP3 009

スクリプト・訳

M: Look at all this work I have to do. How can I possibly finish my paper by Friday?

F: Calm down. I'll give you a hand with the work. OK?

Q: What will the woman do?

男性：見てくれよ、こんなにたくさんやることがあるんだ。どうやったら金曜日までにリポートを書き終わらせられるんだ。

女性：落ち着いて。その作業、手伝ってあげるわ。いいわね？

設問：女性は何をするつもりですか。

(A) 医者を呼ぶ。
(B) 近くの文具店へ男性を車で送る。
(C) 男性が課題を終えるのを手伝う。
(D) 男性に別の課題を与える。

解説　How can I possibly do（どうしたら〜できるんだ）とあわてる男性に女性が助けを申し出ています。give 〜 a hand は「〜の手伝いをする」という意味です。

Q5 正解 (A) 🔊 MP3 010

スクリプト・訳

M: Are you going to be long on the computer?

F: I haven't even managed to log on yet.

Q: What does the woman imply?

男性：そのコンピューターに時間がかかりそうかい。

女性：まだ、ログオンさえできてないの。

設問：女性は何をほのめかしていますか。

(A) 彼女はしばらくは終わらないだろう。

(B) 彼女にはファイル管理をする時間が必要だ。

(C) 彼女はそのコンピューターに長くはかからない。

(D) 男性は自分用のコンピューターを買うべきだ。

解説 log on と long on を聞き分ける問題です。be long on 〜は「〜に長く時間を費やす」という意味。(C)の選択肢で迷う可能性がありますが、同じ(もしくは似た発音の)単語を使っているからその選択肢を選ぶというのは、よい解法ではありません。他の選択肢の可能性も検討しましょう。

Q6 正解 (D) 🔊 MP3 011

スクリプト・訳

M: You must be Samantha. I've heard so much about you.

F: And you must be Jim. It's great to meet you at last. My husband is always talking about you.

M: Speaking of Chris, where is he? I saw him about five minutes ago.

F: I think he's over there somewhere. I'll go and track him down.

Q: What does the woman mean?

男性：君はサマンサだよね。君のことはずいぶん聞いているよ。

女性：そしてあなたは、ジムよね。とうとうお会いできて、うれしいわ。夫がいつもあなたのことを話しているの。

男性：クリスと言えば、彼はどこにいるんだい。5分くらい前に見かけたんだけど。

女性：あの辺にいると思うわ。探しに行ってくるわね。

設問：女性は何を言いたいのですか。

(A) 彼女の夫がちょうど現れた。

(B) 彼女の夫は頭痛で家に帰った。

(C) 彼女はジムが今言ったことが聞き取れなかった。

(D) 彼女は夫を見つけに行くだろう。

解説 会話に登場するChrisが女性の夫であることがつかめましたか。男性がwhere is he? と聞いているのに対し、I'll go and track him down.（探しに行ってくるわ）と答えているので(D)が正解です。track 〜 downは「〜を見つけ出す」という意味です。

Q7 正解 (C) 🔊 MP3 012

スクリプト・訳

F: I just can't keep up with these new types of music. They all sound the same to me.

M: I know what you mean. I'm not particularly into that stuff myself.

Q: What does the man mean?

女性：こういう新しい種類の音楽には、ついていけないわ。みんな同じに聞こえるの。

男性：言いたいことはわかるよ。僕自身も特に興味ないね。

設問：男性は何を言いたいのですか。

(A) 彼は現代の音楽が好きだ。
(B) 彼には好みのミュージシャンがいない。
(C) 彼は新しい音楽にあまり興味がない。
(D) 彼は特にソウルミュージックが好きだ。

解説 男性のI'm not particularly into ... が聞き取れれば正解できる問題です。また、会話全体の雰囲気も否定的ですので、選択肢を絞りやすいでしょう。be into 〜 は be interested in〜と同義で「〜に興味を持つ」という意味です。女性の発言にあるthese new types of musicは、(C)ではcurrent musicに言い換えられています。

Q8 正解 (A) 🔊 MP3 013

スクリプト・訳

F: Oh, you bought a new refrigerator. Was the other one too small?

M: Actually it had a leak, but I'm glad I chose a bigger one.

Q: What was the main problem with the man's old refrigerator?

女性：あら、新しい冷蔵庫を買ったのね。前のは小さすぎたの？

男性：実は、水漏れしたんだ。でも、大きいのを選んでよかったよ。

設問：男性の古い冷蔵庫の主な問題点は何でしたか。

(A) 水が漏れていた。

(B) 大きすぎた。

(C) 小さすぎた。

(D) 臭い始めていた。

解説 leak（〈液体などの〉漏れ）という単語が聞き取れないと難しいかもしれません。男性の発言にある Actually（実は）は、女性の「小さすぎたの？」という質問に対して、「いや、そうではないのだ」という意味を含んでいます。

Q 9 正解 (C) 🔊 MP3 014

スクリプト・訳

M: I've heard of this book. What's it like?

F: Oh, pretty readable for a history book. Not too long or boring.

Q: What does the woman think of the book?

男性：この本のこと、聞いたことがあるよ。どんな感じだい。

女性：そうね、歴史の本としては、とても面白く読めるわ。長すぎもしないし、退屈でもないわ。

設問：女性はその本のことをどう思っていますか。

(A) 長すぎる。

(B) 退屈だ。

(C) 読みやすい。

(D) 不正確だ。

解説 ヒントは pretty readable と Not too long or boring. で、いずれかが聞き取れれば、正解できます。readable は「面白く読める、読みやすい」という意味です。

Q 10 正解 (A) 🔊 MP3 015

スクリプト・訳

F: Have you checked the course schedule? The department isn't offering the environmental studies class anymore.

M: What?

Q: What can be understood from the conversation?

女性：コース予定表を調べた？　学部は、環境学のクラスをもう開講しないのよ。

男性：何だって？

設問：会話から何がわかりますか。

(A) 大学が授業の1つを打ち切った。

(B) 大学が環境に関する新講座を始めた。

(C) 大学は資金不足だ。

(D) 学部の1つが閉鎖される。

解説 リスニングでは集中力が重要です。The department isn't offering the environmental studies class anymore. は、「学部は、環境学のクラスをもう開講しない」という意味で、学部が be closed（閉鎖される）わけではないので (D) を選んではいけません。また、どのような理由でクラスを閉講したかはわからないのですから、(C) は選択できません。述べられた事実に基づいて解答しましょう。

Q11 正解 （**B**） 🔊 MP3 016

スクリプト・訳

M: Are you going to tryout for the student chorus? The paper said auditions are next week.

F: Of course, I've been practicing.

Q: What will the woman do?

男性：君は、学生コーラスのオーディションに行くのかい？　新聞によれば、来週オーディションらしいね。

女性：もちろんよ。ずっと練習してきたのよ。

設問：女性は何をするつもりですか。

(A) ジムで運動する。

(B) オーディションに行く。

(C) 学生新聞に加わる。

(D) 来週、演劇で1曲歌う。

解説 男性の発言にある tryout（適格試験、オーディション）と auditions（オーディション）がキーワードです。カタカナ語は、ネイティブスピーカーの発音を聞くと、ちがって聞こえることがあります。聞き取れなかった人は、発音記号を確認しておきましょう。

Q12 正解 （**D**） 🔊 MP3 017

スクリプト・訳

F: I'm so broke. I can't even afford to go out to dinner on Jane's birthday.

M: Why don't you get a job? I work five evenings a week at the local diner.

F: Five? With exams coming up? You must be crazy.

Q: What does the woman imply?

女性：本当にお金がないわ。ジェーンの誕生日にディナーに行くお金すらないわ。

男性：仕事をしたらどうだい。僕は近所の食堂で、夜に週5日働いているよ。

女性：5日も？　試験間近だというのに？　正気じゃないわ。

設問：女性は何をほのめかしているのですか。

　(A) 彼女は食堂で働くことができなかった。

　(B) 男性は十分な報酬を得ていない。

　(C) 男性は誇張している。

　(D) 男性はそんなに働くべきではない。

解説　女性はWith exams coming up? と言った後、You must be crazy.（正気ではない）と言っています。このことから、週5回という男性の働きぶりに否定的なことがわかります。

Q 13　正解 （B）　🔊 MP3 018

スクリプト・訳

F: Where are you going in such a rush?

M: Our assignments have to be handed in at the office by five o'clock. Have you handed yours in yet?

F: I had Lisa drop it off with hers.

Q: What did the woman do with her assignment?

女性：そんなに急いでどこに行くの。

男性：5時までに（教授の）オフィスに課題を出しに行かなければならないんだよ。君はもう出したのかい。

女性：私は、リサに一緒に出してもらったわ。

設問：女性は課題をどうしましたか。

　(A) 課題を昨日提出した。

　(B) 課題をリサに預けた。

　(C) 締め切り日を先に伸ばした。

　(D) 課題を図書館に置いてきた。

解説　使役動詞「have ＋人＋動詞の原形」（人に〜させる）の聞き取りを試す問題です。hand in 〜は「〜を提出する」、drop off 〜は「〜を置いていく」という意味です。

Q14　正解 (D)　🔊 MP3 019

F: I have to prepare my presentation for tomorrow, so I need to go to the library and pick up some books before it closes.

M: But I just ordered some food for us. Can't you stay until it comes?

F: If you insist.

Q: What will the woman probably do next?

女性：明日のプレゼンテーションの準備をしなきゃならないの。だから図書館が閉まる前に寄って何冊か借りないと。

男性：でも、食事を注文したばかりだよ。それが来るまで待てないの？

女性：どうしてもと言うなら（そうするわ）。

設問：女性はおそらく次に何をしますか。

(A) プレゼンテーションの準備をするために帰宅する。

(B) プレゼンテーションの準備をするために図書館へ行く。

(C) 本を数冊借りるために図書館へ行く。

(D) 男性と一緒に夕食をとる。

解説 If you insist.（どうしてもと言うなら）は断るに断れないときに使う慣用表現です。つまり、If you insist, I will stay until it comes. ということなので、男性が言ったように女性は恐らく食事が出てくるのを待ち、男性と一緒に食べるのでしょう。

Q15　正解 (A)　🔊 MP3 020

スクリプト・訳

F: It's raining! I guess that means we're not going to the zoo today.

M: Hmm. We could go to the aquarium instead.

F: Fine by me.

Q: What does the woman mean?

女性：雨が降っているわ！　今日は、動物園に行かないということね。

男性：うーん。代わりに水族館には行けるけど。

女性：私はそれでいいわ。

設問：女性は何を言いたいのですか。

(A) 水族館に行くのはかまわない。

(B) 動物園に行きたい。

(C) 男性は彼女抜きで水族館に行くべきだ。

(D) 天気が回復するかどうか、待ってみるつもりだ。

解説 Fine by me.（それで構いません）は、提案に対して「異存ありません」と言うときの表現です。この fine を「（天候が）晴れた」という意味に取り、(D) を選択してしまわないように、気をつけましょう。

Q16 正解 (C) 🔊 MP3 021

スクリプト・訳

F: Have you got my class notes? I need them to finish my assignment tonight.
M: Uh ... I left them on the counter in the kitchen. I'm sorry.
F: Well, I guess I'll have to stop by your place on the way home.
M: No, don't bother. I'll give my roommate a buzz and have him bring them here.
Q: What will the man probably do next?

女性：私の授業ノート、持ってる？　今夜、宿題を済ませるために必要なの。
男性：えーと……、台所のカウンターの上に置いてきちゃった。ごめん。
女性：それじゃ、帰りにあなたのところに寄らないと。
男性：いや、必要ないよ。ルームメイトに電話して、ここに持って来てもらうよ。
設問：男性は次におそらく何をしますか。

(A) 女性のノートを取りに家に帰る。
(B) 女性に自宅の鍵を渡す。
(C) 自分のルームメイトに電話する。
(D) ルームメイトの電話番号を女性に教える。

解説 男性の発言にある give 〜 a buzz（〜に電話をかける）と have him bring them here のいずれかがわかれば解ける問題です。また、No, don't bother. も重要表現です。訳では「必要ないよ」としましたが、「どうぞお構いなく」という意味です。

Q17 正解 (B) 🔊 MP3 022

スクリプト・訳

F: Is something wrong with your computer?
M: No. I'm just waiting for this new editing tool to download.
F: Oh? Is it anything I might be able to use?
M: I doubt it. It's for my science papers.
Q: What is the man doing?

101

女性：コンピューターの調子がどこかおかしいの？
男性：いや。新しい編集ソフトのダウンロードを待っているだけだよ。
女性：あら、そう。私にも使えるものかしら。
男性：どうかな。科学論文用のソフトだから。
設問：男性は何をしていますか。

(A) コンピューターを修理している。
(B) ソフトウエアをダウンロードしている。
(C) 科学論文を編集している。
(D) 科学論文を書いている。

解説　会話の出だしに集中してください。女性が「コンピューターの調子がおかしいの？」と聞いているのに対し、男性は、「いや、ダウンロードを待っているだけだよ」と答えています。キーフレーズは something wrong、No、そして download です。この3つを聞き逃さないようにしましょう。

Q18　正解（D）　🔊 MP3 023

スクリプト・訳

M: Who sent you the flowers? They're beautiful.
F: Oh, they're not for me. They're for a friend.
M: It's nice of you to buy flowers for a friend.
F: She's recovering from major surgery.
Q: What can be inferred from the conversation?
男性：誰が君にその花束を贈ったの？　きれいだね。
女性：あら、私にではないのよ。友達のためなの。
男性：友達に花束を買うなんて、君は優しいね。
女性：彼女は、大手術から回復中なの。
設問：会話から何がわかりますか。

(A) 女性の友人がインフルエンザにかかっていた。
(B) 女性の友人は医者である。
(C) 女性の友人が彼女に花束をあげた。
(D) 女性の友人は病院にいる。

解説　この設問のキーフレーズは女性の発言 She's recovering from ... です。recover from ～（～から回復する）、major surgery（大手術）から、女性の友人が病院にいることがわかります。

Q 19　正解　(B)　🔊 MP3 024

スクリプト・訳

F:　Did you get the books I left in your mailbox?

M:　What books?

F:　I came around on Tuesday to return them to you, but you were out, so I left them in the box.

M:　Are you sure you put them in MY mailbox?

Q:　What does the man imply?

女性：あなたの郵便受けに入れておいた本、受け取ったかしら。

男性：何の本？

女性：火曜日にあなたのところに本を返しに行ったけど、いなかったから、郵便受けに入れたの。

男性：「僕の」郵便受けに入れたのは、確かかい。

設問：男性は何をほのめかしていますか。

(A) 女性は彼の郵便受けに本を入れるのを忘れたかもしれない。

(B) 女性は彼の隣人の郵便受けに本を入れたかもしれない。

(C) 女性は彼の敷地のどこか別の場所に本を置いたかもしれない。

(D) 女性はうそをついている。

　　解説　　選択肢が長いですが、冷静に読み比べ、それぞれの文意を理解してください。男性の2番目の発言でMY mailboxのMYが強調されて発言されたのに気づいたでしょうか。「自分の」郵便受けかどうかを確認していることから(B)のneighbor's mailboxの可能性を疑っていることが推測できます。(C)は「男性の敷地のどこか」に置いたという意味ですが、男性の発言からはそこまではわかりません。

Q 20　正解　(A)　🔊 MP3 025

スクリプト・訳

F:　Are you going to Paul and May's wedding?

M:　I wouldn't miss it for the world.

F:　Me, neither. Let's hook up to buy them a present. We could get a nicer one if we pooled our money.

M:　That's a great idea, only I've already bought them something.

Q:　Who will go to the wedding?

女性：ポールとメイの結婚式に行く？

男性：僕は絶対行くよ。

女性：私もよ。一緒に2人にプレゼントを買いましょうよ。私たちのお金を合わせれ
　　　ば、よりよいものが買えるわ。
男性：それは素晴らしい考えだけど、もう買っちゃったんだ。
設問：結婚式には誰が行きますか。

　(A) この男性と女性。
　(B) この男性だけ。
　(C) この女性だけ。
　(D) この男性も女性も行かない。

　■解説■　会話の最初の部分を問う問題です。男性のI wouldn't miss it（それを逃
さない）に対し、女性もMe, neither.（私も同じ〈ように逃さない〉）と、共に否定表現
を用いていますが、意味は「行く」と肯定的です。for the worldは否定語と一緒に用
いられ、「（交換条件として世界をもらえるとしても）絶対に、どうしても〜しない」
という意味になります。

Q21　正解 (B)　🔊 MP3 026

スクリプト・訳

F:　Are you all set for the test tomorrow?
M:　I think so. I've read everything over and over, so if I don't know it now I
　　 never will.
F:　Lucky you. I expect I'll be up all night cramming, as usual.
Q:　What will the woman do tonight?

女性：明日の試験の準備は終わったの？
男性：そう思うよ。（参考文献など）すべてを何度も読み返したから、もし今わから
　　　ないなら、この先もわからないだろうね。
女性：いいわね。私はいつものように一夜漬けだわ。
設問：女性は今夜何をしますか。

　(A) 早めに寝る。
　(B) 試験勉強をする。
　(C) テレビを見る。
　(D) ダンスをしに行く。

　■解説■　男性のif I don't know it now I never will. は、男性が懸命に勉強したこ
とを表しています。それに対し女性は、I'll be up all night crammingと答えていま
す。cramは「（一夜漬けのような）詰め込み勉強をする」という意味の口語で、ここで
は主語の状態を表す分詞として使われています。

Q22 　正解 （B）　🔊 MP3 **027**

スクリプト・訳

M: I think I left my wallet in the cab.

F: Oh, no. Are you sure? Did you check your bag?

M: Yes, of course. I'll just go through it again ... oh, what's this?

F: I thought so. Put it in your pocket and let's go; we're late as it is.

Q: What happened to the wallet?

男性：タクシーの中に財布を忘れてきたみたいだ。

女性：そんな。本当なの？　かばんの中を確かめた？

男性：もちろんさ。もう一度見てみるけど……あれ、これは何だ？

女性：そうだと思ったわ。財布をポケットにしまって、さあ行きましょう。もうすでに遅れているのよ。

設問：財布はどうなりましたか。

(A) 男性はそれ（財布）をタクシーに置き忘れた。

(B) それは男性のかばんの中にあった。

(C) それは女性のかばんの中にあった。

(D) それは男性のポケットの中にあった。

解説　女性のDid you check your bag? は「ディジュチェッ、ユアバッ」と聞こえるかもしれません。bagやbigなど、破裂音の /b/ と /g/ を含む語は、聞き取りにくくなります。このbagが聞き取れると、続く男性のI'll just go through it again のit が bag を指すことがわかり、財布の行方もわかります。

Q23 　正解 （C）　🔊 MP3 **028**

スクリプト・訳

F: Can you check the map and tell me how far from the off-ramp we are?

M: Let's see. It looks like it's another 30 miles, so we've got 30 minutes to go.

F: At this rate it's more likely to take an hour.

M: I think the traffic will clear once we're out of the city limits.

Q: What can be inferred from the conversation?

女性：地図を見て、（高速道路の）降り口までの距離を教えてもらえる？

男性：そうだね。あと30マイル（約50km）くらいかな。だからあと30分だよ。

女性：この調子だと、1時間はかかりそうね。

男性：市境を越えれば、道も空くと思うよ。

設問：会話から何がわかりますか。

(A) 道は空いている。

(B) 女性は制限速度以上で運転している。

(C) 交通がゆっくり流れている。

(D) 道路工事がたくさん行われている。

解説 30 minutes to go（あと30分）と言った男性に対し、女性は At this rate it's more likely to take an hour. と言っています。また、男性が the traffic will clear ... out of the city limits. と言っていることから、道路の流れが悪いことがわかります。

Q 24 正解 (A) 🔊 MP3 029

スクリプト・訳

F: You're all dressed up. Are you going on an interview?

M: Yeah, but I'm not looking forward to it. Dr. Curtis said that there are 30 students applying from our department to this company.

Q: Why is the man worried about the interview?

女性：きちんとした格好をしているわね。面接に行くの？

男性：うん、でも、楽しみっていうわけではないんだ。カーティス博士が言っていたけど、僕らの学部からこの会社に30人も応募しているんだ。

設問：男性はなぜ面接を心配しているのですか。

(A) 競争が激しい。

(B) 彼はその会社で働きたくない。

(C) 彼の成績は劣っている。

(D) すでに30人の学生が不合格になっている。

解説 就職活動をしたことがない人には、状況がわかりにくいかもしれません。going on an interview から男性が就職の面接に行くことがわかります。また、男性の there are 30 students applying from our department から、(A)の「競争が激しい」が正解だと理解できます。(D)は、30 students しか聞き取れなかった人に対する、引っかけの選択肢です。

Q 25 正解 (A) 🔊 MP3 030

スクリプト・訳

M: It's going to be a long train ride.

F: It sure is. I'm glad I remembered my book.

M: Oh, no! I didn't think to bring one.

Q: What is the man's problem?

男性：長い列車の旅になるね。

女性：本当にそうね。よかったわ、本を忘れないで（持って来て）おいて。

男性：おっと、しまった！　本を持って来るなんて思いつかなかったよ。

設問：男性の問題は何ですか。

(A) 彼は読むものを持ってくるのを忘れた。

(B) 彼は列車の乗車券を予約しなかった。

(C) 彼は違う列車に乗った。

(D) 彼は列車に乗り遅れた。

解説　会話の中で、男性はI didn't think to bring one.（それ〈本〉を持って来るなんて思いつかなかった）と言っています。one は女性の発言にある book を受けており a book（本を1冊）という意味です。one が何に相当するかを理解できれば解けるでしょう。

Q 26　正解（A）　🔊 MP3 031

スクリプト・訳

M: It's always so crowded here on weekends. Why don't we come back during the week?

F: It's not that bad. I'll hit the deli counter, and you go get the stuff from the dairy section. We can meet in the checkout line in 10 minutes.

Q: Where does this conversation take place?

男性：ここは、いつも週末はとても込んでいるね。平日に戻って来ようか。

女性：それほどひどくはないわ。私は、総菜コーナーに寄るから、あなたは乳製品コーナーで乳製品を買って来て。レジの列で10分後に会いましょう。

設問：この会話はどこで行われていますか。

(A) スーパーマーケットで。

(B) 空港で。

(C) 駐車場で。

(D) デパートで。

解説　日本ではデパートでも食料品を売っているため、(D) も正解ではと疑ってしまうかもしれませんが、海外では deli（総菜）などの販売はスーパーのほうがより一般的です。checkout line（レジの列）は覚えておきたい語句です。正解は (A) です。

Q 27　正解（D）　🔊 MP3 032

スクリプト・訳

F: Are you going for a jog after work?

M: I don't know. It's so hot.

F: You can say that again.

Q: What does the woman mean?

女性：仕事の後にジョギングするの？

男性：わからない。あまりにも暑いしね。

女性：本当にそうね。

設問：女性は何を言いたいのですか。

(A) 男性はもっと運動すべきだと彼女は思っている。

(B) 男性が言ったことが彼女には聞こえなかった。

(C) 男性がジョギングしすぎだと彼女は思っている。

(D) 彼女も暑いと思っている。

解説　You can say that again.（全くその通りだ）という慣用表現がポイントです。テキストによっては、よい内容を肯定するときだけに使う慣用表現と書かれていますが、悪い内容を肯定する場合にも用いられます。

Q 28　正解（C）　🔊 MP3 033

スクリプト・訳

F: Have you moved in yet?

M: No, we've fixed the date for next Saturday.

F: Come over to my place before you buy anything for the house. I've been posted overseas, and I'll be getting rid of everything.

Q: What will the man do next Saturday?

女性：もう引っ越しはしたの？

男性：まだだよ。今度の土曜日に決めたんだ。

女性：家のものを買う前に私の家に来なさいよ。海外転勤が決まって、すべて処分しなければならないの。

設問：男性は今度の土曜日に何をしますか。

(A) 海外に行く。

(B) 結婚する。

(C) 新居に引っ越す。

(D) 女性の家を訪れる。

解説　女性がCome over to my place（私の家に来なさいよ）と言っていますが、男性が返事をする前に会話は終わっていますので、(D) を選ぶことはできません。また、海外に行くのは女性なので、(A) は不適切です。(B) については触れられていません。正解は (C) です。

Q 29　正解 （A）　◁)) MP3 034

スクリプト・訳

M: I'm so sick of my bank. Look, they've charged me 20 dollars for a replacement card.

F: You should use mine. Their charges are almost nonexistent and their Internet banking is excellent.

M: How did you find out about them?

Q: What does the man want to know?

男性：僕の銀行には、本当にうんざりだよ。ほら、カードの再発行に20ドルも請求してきたんだ。

女性：私の銀行にしたらいいのに。手数料はほとんどないに等しいし、インターネットバンキングも最高よ。

男性：どうやって探したんだい。

設問：男性は何を知りたいのですか。

 (A) 女性が銀行を見つけた方法。
 (B) 女性の銀行の場所。
 (C) どうやってインターネットで銀行を見つけられるか。
 (D) 女性の銀行はカードの再発行に手数料をいくら請求するか。

解説　男性の最後の質問に気をつけてください。聞き取りやすいのですが、前の会話が長いために、them が何を指すのかについて混乱しやすい問題です。How did you find out about them? の them は、女性が利用する銀行を指しています。

Q 30　正解 （C）　◁)) MP3 035

スクリプト・訳

M: What a beautiful day! Shall we have lunch in the park?

F: I'd like nothing better. But, didn't we promise to help Emily with her law paper in the library this lunchtime?

M: We could always take the books with us.

Q: What does the man suggest they do?

男性：なんて素晴らしい天気なんだ！　公園でランチを食べようか。

女性：最高ね。でも私たち、ランチタイムに図書館でエミリーの法学の小論文を手伝うって約束しなかった？

男性：いつでも本は一緒に持って行けるさ。

設問：男性は、何をしようと提案していますか。

   (A) エミリーとの計画をやめにして、公園に行く。

   (B) 昼食のためにエミリーに会い、その後、公園へ行く。

   (C) エミリーと一緒に公園へ行く。

   (D) 別の日に公園へ行く。

解説　直接「エミリーと公園に行く」とは言っていませんが、男性の発言に We could always take the books with us. とあるので、「公園で昼食をとりながらエミリーの小論文を手伝う」と言いたいのだろうと推測することが可能です。同時に消去法も有効です。(A)のキャンセルについては、述べられていません。(B)では「昼食のためにエミリーと会う」という部分がそもそも違います。「今日は素晴らしい天気だから公園でランチを食べたい」という会話の流れから別の日に公園へ行く (D) も消去可能です。

解答と解説	**Section 1 = Listening Comprehension (Part B)**

Part Bの指示文対訳

指示文：このパートでは、いくつかの長めの会話を聞きます。それぞれの会話の後に、いくつかの設問が流れます。会話と設問は繰り返されません。設問を聞いた後に問題用紙に書かれた4つの選択肢を読み、最適なものを選びなさい。その後、解答用紙で問題番号を見つけ、あなたが選んだ解答に該当する箇所を塗りつぶしなさい。

Q 31-34 🔊 MP3 037

スクリプト・訳

N: Listen to a discussion about dogs.

F: Andy! I've never seen you in the park before.

M: Really? I come here every day to walk my dog. I live just around the corner.

F: Oh, what a beautiful dog! I've always wanted a dog, but I just don't have the time. What breed is he?

M: Actually it's a she, and she's not a purebred. Her mother was a black Labrador, and I think the father was a collie.

F: She's gorgeous. Her fur is so soft and silky.

M: Yeah, and it's all over the place. I have to clean the floors and furniture at least once a day.

F: Hmm, I can imagine. How do you find the time to walk and look after her? Not to mention the money. I know vet's fees are high.

M: To be honest, I used to go jogging all the time anyway, so now I just bring the dog along. And she's really healthy. That's why I got a mixed breed. Apparently, they're healthier.

F: Oh, well, maybe it's not as difficult as I thought. I'll have to think about getting one.

ナレーター：犬に関する対話を聞きなさい。

女性：アンディ！　今までこの公園であなたを見かけたことはなかったわ。

男性：そうかい。毎日犬を散歩させにここに来ているよ。すぐそこに住んでいるんだ。

女性：ああ、なんてきれいな犬なの！　私、ずっと犬が欲しいと思っているんだけど、とにかく（犬を飼う）時間がないのよ。"彼"の犬種は何？

男性：実は "彼女" なんだ。それに純血種じゃない。母犬は黒のラブラドールで、父犬はコリーだったと思う。

女性：この犬は素晴らしく美しいわ。毛がとても柔らかくて、絹のようね。

男性：そうだね、いたるところに毛が散るんだ。少なくとも1日1回は床と家具をきれいにしなきゃいけないんだ。

女性：ああ、想像できるわ。犬を散歩させたり、世話をしたりする時間はどうやって確保しているの？　お金のことは言うまでもないけど。獣医の費用は高いでしょう。

男性：正直言って、以前はよくジョギングしていたんだ。今は、この犬をただ（一緒に）連れて行っているだけだよ。それにこの犬は本当に健康なんだ。だから、混血種を飼ったんだよ。明らかに混血種は（純血種と比べて）健康だよ。

女性：ああ、それじゃあ思っていたよりも（犬を飼うことは）難しくないかもね。私も犬を飼うことを考えてみなくちゃ。

Q31　正解 (B) 🔊 MP3 038

Q: What is the conversation about?

設問：何についての会話ですか。

(A) 犬を買うこと。
(B) 犬の世話をすること。
(C) 犬を繁殖させること。
(D) 健康を維持すること。

解説　一見すると、いずれの選択肢も正しそうですが、そのような場合には消去法を活用しましょう。女性は犬が欲しいと言っていましたが、(A)のBuying（買うこと）や(C)のBreeding（繁殖させること）といった話はしていません。(D)のKeeping fitについては、男性がI used to go jogging all the timeと述べていますが、会話の主題ではありません。(B)のTaking care of a dog. が最適となります。

Q32　正解 (A) 🔊 MP3 039

Q: What is the dog's pedigree?

設問：その犬は何の血統種ですか。

(A) 雑種。
(B) シープドッグ。
(C) ブラック・ラブラドール。
(D) コリー。

解説 設問中のpedigree（血統）が理解できるかがカギです。会話の前半で、What breed is he?という女性の質問に対し、男性がshe's not a purebred（純血種ではない）と回答しています。また、後半の男性の発言にもThat's why I got a mixed breed.とあります。いずれかが聞き取れれば雑種の(A)だと解答できるでしょう。

Q33 正解 （B） 🔊 MP3 040

Q: Which of the following negative aspects of owning a dog does the man mention?
設問：犬を飼うことに関して男性が述べた否定的な見解は次のどれですか。

(A) 自分の時間の多くを必要とする。
(B) 犬が家を汚す。
(C) 獣医の費用が高い。
(D) 彼はもうジョギングに行けなくなる。

解説 会話の流れがわかっていたとしても、選択肢の内容理解が難しいかもしれません。毛に関してI have to clean the floors and furniture at least once a day.（床と家具を少なくとも1日1回はきれいにしなきゃいけない）と言っていますから、(B)のThe dog makes his house untidy.が最適です。男性は「以前はよくジョギングしていた」と言っていますが、now I just bring the dog alongと言っていることから、(D)は選べません。

Q34 正解 （D） 🔊 MP3 041

Q: In which of the following ways has the woman been influenced by the conversation?
設問：この会話によって、女性は次のうちどのような形で影響を受けましたか。

(A) 彼女は現段階では犬を飼わないことに決めた。
(B) 彼女は今、犬を飼うのはあまりに難しいと考えている。
(C) 彼女は決して犬を飼わないと決めた。
(D) 彼女は今、犬を飼うことはたぶん可能だろうと考えている。

解説 会話の一連の流れからmaybe it's not as difficult as I thought.（思ったより難しくないかもしれない）と結論づけた女性の最後の言葉がポイントです。I'll have to think about getting one.のoneはa dogを指します。

Q 35-38 🔊 MP3 042

N: Listen to a student talking to her professor.

F: Hello, Professor Bennett. Could I have a few words with you?

M: Sure. What's on your mind?

F: I read your email asking students if they'd like to participate in a language study exchange program this summer, and I'm interested. I just wanted to know the details.

M: That's great! To be frank, I haven't had much interest so far. I suppose a lot of the students are more concerned with getting a summer job to help pay their tuition.

F: Yes, I did consider that, but I think knowing a foreign language is a kind of investment in the future.

M: I agree. We run exchange programs with colleges in Japan, Germany, France, and Mexico. As I said, there hasn't been a great deal of interest so there's lots of space in all of them.

F: Well, I'd have to think about it but, right off the bat, French sounds appealing.

M: All right. I'll email you with an application form and details about the host institutions, fees and accommodation arrangements. We recommend doing a homestay with a local family. That way you're totally immersed in the language.

F: If you don't mind, I'll hold off making any decisions until I have a chance to look at your email.

M: No problem. I'm going to a meeting right now but, the minute I get back to my office, I'll send you all the information.

ナレーター：教授と話している学生（の話）を聞きなさい。

女性：こんにちは、ベネット教授。ちょっとお話ししてもよろしいですか。

男性：もちろんだよ。どうかしたかい。

女性：今年の夏の語学交換留学プログラムに参加したいかどうかを学生に尋ねた、教授のメールを読みました。興味があるんです。詳しく知りたいんですが。

男性：それは素晴らしい！　率直に言って今のところ、（そのプログラムに）興味がある学生はそれほどいないんだ。多くの学生は、学費の助けになるようにと夏休みのあいだ仕事をすることにもっと関心があるんだろうね。

女性：そうですね。私もそのことを考えましたが、外国語を知るのはある種の将来

への投資だと思います。

男性：同感だな。わが校では、日本、ドイツ、フランス、メキシコの大学と交換プログラムを運営しているんだ。今言ったように興味を持っている学生は多くないから、すべてのプログラムの定員にかなりの余裕がある。

女性：えーと、そのことについて考えなければいけませんが、すぐにですとフランス語に興味があります。

男性：なるほど。申し込みフォームと受け入れ先の学校、授業料、宿泊設備の手配に関する詳細をメールで送ろう。現地の家族とのホームステイを勧めるね。その方法だと完全に現地の言葉に漬かることができる。

女性：もしよろしければ、教授のメールを見るまで、結論を延ばしたいのですが。

男性：大丈夫。今、会議に行かなければならないが、オフィスに戻ってきたらすぐにすべての情報を送るよ。

Q35 正解 （B） 🔊 MP3 043

Q: What is the conversation about?
設問：何についての会話ですか。

(A) 休暇中の仕事を見つけること。
(B) 国際交換留学プログラムに参加すること。
(C) 第二言語を習得するテクニック。
(D) 夏季キャンプのカウンセラーに応募すること。

解説　会話には exchange program という言葉と Japan、Germany などの国名が出てきます。このことから、(B) を選択することができます。(C) に引っかかる人もいるかもしれませんが、techniques については述べられていないため、選択できません。

Q36 正解 （D） 🔊 MP3 044

Q: What does the professor say about the response to his email?
設問：教授は自分のメールへの反応について何と言っていますか。

(A) それは多くの興味を引いた。
(B) 彼には応募者へ返事する時間がなかった。
(C) 学生たちは、夏を勉強して過ごすほうを望むだろう。
(D) 多くの学生たちはむしろ仕事を得たいのだろう。

解説　教授は2つ目の発言で I suppose a lot of the students are more concerned with getting a summer job と述べています。学生たちはお金が欲しい

ので、語学交換留学プログラムよりも summer job を得ることに興味を持っている
というのです。よって (D) が正解です。

Q 37 正解 （C） 🔊 MP3 045

Q: What information does the professor promise to send the student?
設問：教授は学生に何の情報を送ると約束していますか。

(A) 学校と費用と旅程に関する詳細。
(B) 費用と旅程と宿泊に関する詳細。
(C) 学校と費用と宿泊に関する詳細。
(D) 学校と旅程と宿泊に関する詳細。

解説 少し難易度が上がりました。教授の4つ目の発言に I'll email you ...
details about the host institutions, fees and accommodation arrangements.
とあります。選択肢ではそれぞれ、colleges、costs、lodging に単語を置き換えて
います。よってこの3つを含む (C) が正解です。

Q 38 正解 （D） 🔊 MP3 046

Q: What does the woman say about doing a homestay?
設問：女性はホームステイすることについて何を述べていますか。

(A) ホームステイをしたいと思っている。
(B) ホームステイをしたいと思っているが、まずホストファミリーに会いたいと思
    っている。
(C) ホームステイをしたくない。
(D) まだ決めていない。

解説 女性の最後の発言に I'll hold off making any decisions とあります。
hold off は「〜を延期する（保留する）」という意味です。ここから、女性が結論を決め
かねていることがわかります。

　Q35-38は、同じ言葉の繰り返しがあり、選択肢の中に会話中に使われた単語や
フレーズがそのまま入っているため、解きやすい問題だったかもしれません。リ
スニング・セクションで55点以上を狙う場合には、1問も落としたくない難易度の
問題です。

| 解答と解説 | # Section 1 = Listening Comprehension (Part C) |

Part Cの指示文対訳

指示文：このパートでは、いくつかの短いトークを聞きます。トークの後にいくつかの設問が流れます。トークと設問は繰り返されません。設問を聞いた後に、問題用紙に書かれた4つの選択肢を読み、最適なものを選びなさい。その後、解答用紙で問題番号を見つけ、あなたが選んだ解答に該当する箇所を塗りつぶしなさい。

例を示します。注意深く聞いてください。
音声が流れます。
サンプルの設問を聞いてください。

問題用紙にある以下を読みます。
　このトークの主題は何ですか。
　(A) ミツバチの進化について。
　(B) ミツバチの飛行。
　(C) ミツバチの意思疎通。
　(D) ミツバチの社会。

「このトークの主題は何ですか」という設問に対する最適な解答は(B)の「ミツバチの飛行」です。従って、正しい選択肢は(B)です。

ではもう1つのサンプル問題を聞いてください。

問題用紙を読みます。
　ミツバチは基本的にどうやって自分たちの場所を確認しますか。
　(A) 太陽によって自分たちの場所を計算する。
　(B) 太陽との距離を測定する。
　(C) 化学物質を利用して、自分たちの場所を追跡する。
　(D) 空を無秩序に飛ぶ。

「ミツバチは基本的にどうやって自分たちの場所を確認しますか」という設問に対する最適な解答は(A)の「太陽によって自分たちの場所を計算する」です。従って、正しい選択肢は(A)です。

▶ トークのスクリプトは「Part Cのサンプル問題」(p.26)にあります。

Q 39-43 🔊 MP3 048

스크립트 · 訳

N: Listen to a lecturer talking about a wind farm.

Lecturer:

I'd like to thank you all for taking the time to come along on this field trip. Now, as you can see, this wind farm covers a large area. There are more than a thousand turbines on this farm. Each turbine consists of a fiberglass rotor, which captures kinetic energy from the wind and converts it into mechanical power, a tubular steel tower of around 35 meters high, and a generator, which converts the mechanical energy into electricity.

The design of the farm is a direct result of the geography of the area. Unlike in flatlands, where turbines can be placed in parallel rows, the direction of the wind and the local topography on this site mean that the turbines have been placed in long rows along ridge tops.

Wind farms such as this one produce electricity just as efficiently as power plants, but wind speeds vary hourly, so the output of these farms cannot be fully relied upon. Today the wind is quite moderate and enough power will be generated to satisfy the energy needs of around two small villages. On average, wind farms operate at around 30 percent of full capacity.

Some critics point to the aesthetic impact on the landscape and the noise produced by turbines. This has placed unnecessary restrictions on locations for these farms. As you can see and hear, these criticisms are largely unfounded. Certain wildlife groups have pointed out that birds in the area can get caught up in the blades of the turbines. This is a genuine concern but if we consider the number of birds and other species that die each year as a result of oil spillages, we must reach the conclusion that wind energy is a lot less damaging to wildlife.

ナレーター：講師がウインド・ファーム（風力発電地帯）について講義しているのを聞きなさい。

講師：この実地見学にご参加いただく時間を取っていただき、ありがとうございます。さてご覧のとおり、このウインド・ファームは広大な土地に広がっています。このファームには1000機以上のタービンがあります。それぞれのタービンは、風から運動エネルギーをとらえてそれを機動力に変える繊維ガラスの回転翼と、高さ約35メートルの中空鋼鉄製のタワー、そして、機動力エネルギーを電気に変える発電機から成り立っています。

　このファームの配列は、この地域の地形をそのまま踏まえた結果によるものです。タービンを並列に設置することができる平地とはちがい、この場所の風向と地形に基づいて、尾根に沿って長く一列にタービンが設置されています。

　このようなウインド・ファームは発電所と同じくらいの能率で発電します。しかし、風の速度は絶えず変化するため、これらのファームの発電量に完全には依存できません。今日は、風がかなり穏やかですので、発生する電力は、2つほどの小さな村に必要なエネルギーを満たす程度でしょう。平均して、ウインド・ファームは最大出力の約30％で稼働しています。

　ある批評家たちは、景観への美的な影響とタービンによって引き起こされる騒音の問題を指摘しています。これは、これらのファームの立地に関して無用な制約をもたらしました。皆さんが見たり聞いたりしているように、これらの批判はおおむね根拠のないものです。ある野生動物（保護）団体は、その地域にいる鳥がタービンの羽根に巻き込まれる可能性があると指摘しています。これは真心ある懸念ではありますが、石油流出によって毎年死んでいく鳥や他の動物たちの数を考慮するならば、風力エネルギーが野生動物に対してもたらす被害のほうが極めて少ないという結論に達するにちがいありません。

Q39　正解（C）　🔊 MP3 049

Q: Where does this talk probably take place?
設問：この話はおそらくどこで行われていますか。

(A) 教室内で。
(B) 空港で。
(C) ウインド・ファームで。
(D) 農場小屋の中で。

解説　講師の冒頭の発言にあるthis field trip（この実地見学）とas you can see, this wind farm covers a large area（ご覧のとおり、このウインド・ファームは広大な土地に広がっています）から、今まさにウインド・ファームにいて話をしていることがわかります。トークの最初の部分で今ある状況を説明することが多いので、聞き逃さないようにしましょう。(D)のIn the farm cabin. は引っかけの選択肢です。

Q40　正解（A）　🔊 MP3 050

Q: What are the turbines' rotors made from?
設問：タービンの回転翼は何で作られていますか。

(A) 繊維ガラス。

(B) 鋼。

(C) ガラス。

(D) 木材。

解説 最初のパラグラフで講師は Each turbine consists of a fiberglass rotor, ... と述べています。ここを聞き取れた方は、直接 (A) の「繊維ガラス」を選択しましょう。しかし、聞き逃した場合には勘を働かせるしかありません。(C) の Glass は壊れる可能性が高いです。(D) の Wood はどうでしょうか。昔からの風車小屋ならば木で枠組みがつくられているものがありますが、現代的ではないような気がします。そこで、耐久性のある素材として、(A) または (B) からの選択となります。

Q41 正解 (D) 🔊 MP3 051

Q: What determines the arrangement of wind turbines?

設問：風力タービンの配列を決定するのは何ですか。

(A) タービンにより殺傷される鳥の数。

(B) タービンを作る素材の強度。

(C) 使用されるタービンの数。

(D) タービンが設置される場所の地形。

解説 第2パラグラフの冒頭 The design of the farm is a direct result of the geography of the area. がキーセンテンスです。この場合の design は「（タービンの）配置」を表し、設問の arrangement（配列）と同じ内容を指します。

Q42 正解 (B) 🔊 MP3 052

Q: Why do wind farms operate markedly below full capacity?

設問：ウインド・ファームはなぜ、最大出力よりかなり低く稼働しているのですか。

(A) タービンを絶えず整備する必要があるため。

(B) 風速がしばしば最大値を下回るから。

(C) ファームから生じる騒音を制御しなければならないから。

(D) 風上に位置するタービンが、他のタービンへの空気の流れをふさぐため。

解説 第3パラグラフの冒頭で wind speeds vary hourly, so the output of these farms cannot be fully relied upon. と述べていることから (B) が正解です。他の選択肢に関しては、講師は述べていません。

Q43 正解 (D) ◁») MP3 053

Q: What does the speaker think about wind farms?
設問：話者は、ウインド・ファームについてどのように考えていますか。

(A) 景観をそこねる。
(B) 騒音がうるさい。
(C) 不十分である。
(D) 不当に批判されている。

解説 第4パラグラフで講師は批評家や野生動物団体について述べています。そして these criticisms are largely unfounded.（これらの批判はおおむね根拠のないもの）と述べています。このことから (D) が選択できます。(A) と (B) は批評家たちの意見であり、話者の考えではありません。(C) については、第3パラグラフに produce electricity just as efficiently as power plants とあるので、選択できません。

Q44-46 ◁») MP3 054

スクリプト・訳

N: Listen to part of a biology lecture.
Lecturer:

The Galapagos Islands lie around 650 miles off the west coast of South America, in the Pacific Ocean. The archipelago comprises hundreds of volcanic islands. Up to 85 species of birds, including flamingos, cormorants, and penguins, inhabit the islands. There are also six species of giant tortoise that are found exclusively on the Galapagos. In fact, the islands' name is from the Spanish word for giant tortoise — *galapago*.

The islands are also home to a large number of lizard species and a host of sea lions. About 300 fish species swim in the surrounding waters.

Vegetation is quite sparse in the low-lying coastal areas, where little rain falls. But at higher altitudes, where mist is common, vegetation is generally greener and lusher.

ナレーター：生物学の講義の一部を聞きなさい。
講師：ガラパゴス諸島は、南米大陸の西海岸から約650マイル（約1,000km）離れた太平洋に位置し、何百もの火山島から成り立っています。島々には、フラミンゴ、鵜、ペンギンを含む鳥類が85種も生息しています。ガラパゴス諸島でしか見ることのできない6種類の巨大な陸亀もいます。実際、この諸島の名前はスペイン語で巨大な陸亀を意味するgalapagoに由来しています。

諸島はまた、多数のトカゲの種とアシカの生息地でもあります。約300種類の魚が、周辺海域を回遊しています。

　植生は、ほとんど雨が降らない低地海岸地帯では、かなりまばらです。しかし、霧がよく発生する高地では、植物は全体的にもっと青々と繁茂しています。

Q44　正解▶(B)　🔊 MP3 055

Q: Where are the Galapagos Islands located?
設問：ガラパゴス諸島はどこにありますか。

(A) 大西洋。
(B) 太平洋。
(C) 北米沿岸海域。
(D) カリブ海。

解説　トークでは、最初の部分を聞き逃さないという集中力が大事です。講師は冒頭文のラストで in the Pacific Ocean. と述べていますので、この部分を聞き逃さなければ解ける問題です。いざ設問が始まった際にトーク冒頭の内容を忘れてしまう人が多いですが、第1文は聞き漏らさないようにしましょう。

Q45　正解▶(B)　🔊 MP3 056

Q: What kind of creature are the islands named after?
設問：諸島の名前はどの生物に由来しますか。

(A) 鳥。
(B) 亀。
(C) トカゲ。
(D) アシカ。

解説　第1パラグラフの最終文で the islands' name is from the Spanish word for giant tortoise — *galapago*. と言っています。この問題は落とさないようにしましょう。

Q46　正解▶(B)　🔊 MP3 057

Q: Which is the driest part of the islands?
設問：その諸島の最も乾燥している地域はどこですか。

(A) 南部。
(B) 低地。

(C) 山岳地帯。

(D) 内陸。

解説 難易度が高い問題です。第3パラグラフ冒頭のVegetation is quite sparse in the low-lying coastal areas, where little rain falls.がキーフレーズです。「ほとんど雨が降らない」ということは「乾燥している」ということです。よって正解は (B) です。そのすぐ後に高地に言及したat higher altitudes ... vegetation is generally greener and lusherがあり、低地と高地の比較対照を短いトークの間で行っています。

Q 47-50 🔊 MP3 058

スクリプト・訳

N: Listen to a tour guide speaking to a group of tourists.

Tour Guide:

The next section we'll be going through is the palm section. You'll notice a change in the humidity level and temperature. We have 250 palms here including some 115 different species. Palms are monocots and their trunks do not get thicker with age, as is the case with dicots. A good indicator of a palm's age is the height of the plant. As you'll see, many of the specimens we have here are quite young. This enables visitors to have a good look at the leaves and flowers at the top of the trees. All palms have a single, boughless trunk topped with a mass of leaves. Flowers are borne in clusters. Palms tend to bear a great number of flowers, and are a vital food, fiber, and oil source in many countries. Each flower has six stamens, or male reproductive parts, and one pistil, or female reproductive part. It is the pistil that produces the fruit of the tree, which may be a berry or a drupe.

For those of you unfamiliar with the terminology, a drupe is a single-stone fruit. All palm leaves have the same distinctive appearance, due to the plicate folding of the blades.

ナレーター：団体旅行者に話をしているツアーガイドの話を聞きなさい。

ツアーガイド：私たちが通過する次のセクションは、ヤシのセクションです。湿度と温度の変化に気づかれるでしょう。およそ115種の異なる種を含む250のヤシが成育しています。ヤシは単子葉植物であり、双子葉植物のように、幹は年を重ねても太くなりません。樹齢を測るうえでよい尺度となるのはその高さです。ご覧になるように、ここにある多くの標本はかなり若いものです。従って、幹の上の葉と花をよく眺めることができます。すべてのヤシには、多数の葉でおおわれた枝のない幹

が1つあります。花は房になって咲きます。ヤシの木は多くの花をつけ、多くの国で重要な食物や繊維、油の原料になっています。それぞれの花は6つの雄しべ、つまり雄の生殖器官、および1つの雌しべ、つまり雌の生殖器官を持っています。木の実を生み出すのは雌しべであり、それはおそらく液果か核果に当たるでしょう。

専門用語に精通していない人のためにつけ加えますと、核果は種が1つの果実です。すべてのヤシの葉は、ひだがついた折り目のある葉であるため、同じ特徴的な外観を有しています。

Q47 正解 (D) 🔊 MP3 059

Q: Where does the talk probably take place?
設問：この話はおそらくどこで行われてていますか。

(A) 森。
(B) 農場。
(C) 植物園。
(D) 温室。

解説 ガイドは、冒頭文でthe palm sectionと述べています。団体旅行者に話をしていることからも(C)か(D)のどちらかに絞り込めます。続くYou'll notice a change in the humidity level and temperature.（湿度と温度の変化に気づくでしょう）から(D)を選びます。もし(D)の選択肢がなければ、(C)の植物園は正しくなります。植物園には「温室」が併設されている可能性があるからです。

Q48 正解 (A) 🔊 MP3 060

Q: Why can visitors see the tops of the trees?
設問：なぜ、観光客たちは木の上部を見ることができるのですか。

(A) 標本が若い木だから。
(B) 観察スペースが2階にあるから。
(C) 標本が古い木だから。
(D) 標本に葉がないから。

解説 比較的答えやすい問題です。第1パラグラフ中程のAs you'll see ... とThis enables ... がキーセンテンスです。many of the specimens we have here are quite young.（ここにある標本の多くはかなり若い）とあり、This enables visitors to have a good look at ... と続きます。ここから(A)が正解だと導けます。

Q49　正解（C）　🔊 MP3 061

Q: What is a drupe?

設問：drupe とは何ですか。

(A) 花部。
(B) 核。
(C) 核果。
(D) 葉の形。

解説　第2パラグラフの冒頭で、drupe について説明しています。a drupe is a single-stone fruit とあるので (C) が正解です。stone は植物学的に「核」という意味で、果実の中にある、堅い内果皮に包まれた部分（いわゆる "種"）を指します。

Q50　正解（D）　🔊 MP3 062

Q: What is true of palm trees?

設問：ヤシの木について、何が正しいですか。

(A) 双子葉植物である。
(B) 樹齢とともに幹の直径が太くなる。
(C) 葉の形が異なる。
(D) 重要な食料源である。

解説　ツアーガイドは、第1パラグラフの後半で Palms ... are a vital food, ... in many countries.（ヤシは…多くの国で…重要な食物）と述べているため、(D) を選択できます。聞き取れないときは消去法で考えましょう。ヤシは monocot（単子葉植物）だと述べられていますから、(A) の dicots（双子葉植物）ではありません。また their trunks do not get thicker with age（幹は年を重ねても太くならない）と述べられているため、(B) も消去できます。トークの最後のほうでは All palm leaves have the same distinctive appearance と述べられているため「同一の特徴的な葉を持っている」ことがわかり、(C) も消去できます。

Section 2 = Structure and Written Expression

制限時間：25分

このセクションは、標準的な英語の書き言葉として適切な言葉づかいを認識する能力を測ることが目的です。このセクションには2つのタイプの設問があり、それぞれに個別の指示文があります。

指示文：設問1～15は、不完全なセンテンス（穴埋め問題）です。それぞれのセンテンスの下には (A)、(B)、(C)、(D) と印字された語や句が4カ所あります。センテンスを完成させるのに最適な選択肢を選びなさい。その後、解答用紙で問題番号を見つけ、あなたが選んだ解答に該当する箇所を塗りつぶしなさい。

例：通常、食用マッシュルームは肉と共に調理されたり、他の野菜と組み合わされたり、--------------------
※文法的にまちがっている選択肢を含むため、選択肢の訳は省略

このセンテンスは「通常、食用マッシュルームは肉と共に調理されたり、他の野菜と組み合わされたり、**あるいはスープの具やステーキのソースに使われたりする**」となるべきです。従って、(D)を選ぶべきです。

では設問に取りかかってください。

Q1   正解 (A)

Because Mozart was so poor, his coffin was dumped into an unmarked grave in a paupers' graveyard.

モーツァルトは非常に貧しかったため、彼のひつぎは貧困者墓地の人目につかない墓に投げ捨てられた。

解説 be dumped into～（～に投げ捨てられる）や paupers' graveyard（貧困者墓地）などの表現から、(B)Although（～だけれど）や(C)Nevertheless（～にかかわらず）を含む選択肢は不適切です。また、(D) Due to に続くのは名詞、名詞句で、節がくることはありません。「モーツァルトは貧乏だったから」となる (A) が正解です。

Q 2   正解 （**C**）

<u>Despite</u> their tiny size, males of the bee hummingbird species of Cuba are amazingly territorial.

その小さな体にもかかわらず、キューバに生息するマメハチドリ種の雄は、驚くほど縄張り意識が強い。

解説 後半のterritorial（縄張り意識が強い）に対し、前半ではtiny size（小さな体）と言っています。2つの相反する情報をつなぐために、Despite（〜にもかかわらず）を用いた(C)が最適です。Despite the fact that以下には節が来るため、(A)は選択できません。

Q 3   正解 （**B**）

A great number of human disorders involve aberrant signs in cells.

非常に多くの心身疾患が、細胞内に異常な兆しを含んでいる。

解説 文意から考えて、(B)しか選べません。(C)The number of 〜は「〜の数」という意味で、文意として不自然です。また単数扱いなので、述語動詞の語尾はinvolvesとすべきです。数の一致がポイントになる問題も頻出しますので、注意しましょう。

Q 4   正解 （**C**）

Congress passed an amended embargo just before Madison's inauguration, <u>known as the Non-Intercourse Act</u>, which opened trade to all nations but France and Britain.

米国議会はマディソンの大統領就任直前に、通商禁止法として知られる、フランスとイギリス以外のすべての国々との交易を開いた修正版の出港禁止法を可決した。

解説 known as 〜（〜として知られる）はよく出題される表現です。ここでは、前のamended embargoの補足説明をしています。

Q 5   正解 （**C**）

Counties usually administer health laws, <u>operate parks and recreation areas</u>, and maintain a court system.

郡（の行政）は通常、衛生法を執行し、公園やレクリエーション地域を運営し、そして法廷制度を維持する。

解説 少し複雑な並列用法です。動詞の並列がポイントです。(B)は動詞が並列

Section 1

Section 2 ≫ Structure

Section 3

しているように見えますが、動詞operateとrecreateがandでつながれており、後に続くand maintainと整合性が取れないため、まちがいとなります。この問題は、並列の用法で引っかかりやすい部分をはっきり示した問題です。

Q6　正解　(C)

The metamorphosis of butterflies and moths is <u>more complete than that of grasshoppers</u>.
チョウやガの変態は、バッタの変態よりもより完全である。

解説　比較級と比較対象が押さえられているかを問う問題です。比較対象はThe metamorphosisで単数形なので、thatで受けます。(A)はdifferent thanを使っていますが、通常はdifferent fromにすべきです。また、比較対象も含まれていません。(B)は比較対象に複数形のthoseを使っている点が不適切です。(D)はmoreとcompleteの順序が逆であること、比較対象に複数形を取っていることから、まちがいとなります。

＊[参考]チョウはcomplete metamorphosis（完全変態）を行い、バッタはincomplete metamorphosis（不完全変態）を行います。

Q7　正解　(C)

<u>When communicating information</u>, it is important that scientists use the same units.
情報を交換するときには、科学者は同じ計測単位を用いることが重要だ。

解説　(C)のWhen communicating ... は、分詞句の前に接続詞を置いて意味を明確にした分詞構文で、「～するときには」と時を表しています。分詞構文は、TOEFLでは出題されやすいので覚えておいてください。

Q8　正解　(A)

<u>As the favorite artist of the Spanish court</u>, Francisco Goya painted many portraits of the royal family in the early 19th century.
スペインの宮廷において最も好まれた画家（宮廷画家）として、フランシスコ・ゴヤは、19世紀初頭に、多くの王族の肖像画を描いた。

解説　前置詞As（～として）を含む(A)が正解です。the favorite artistと定冠詞theをつけることで「唯一のお気に入りの画家→最も好まれた画家」という意味を表します。(B)はfavoriteの前に冠詞があれば、文法的には成立します。(C)、(D)は意味を成しません。

Q9   正解 （D）

The Yale Child Study Center has been a well-known center <u>for research into child development</u> since the early 1900's.

イェール児童研究センターは、1900年代初めより、児童発達の研究で著名なセンターとしてよく知られている。

解説 (A)は as being <u>a</u> research <u>center</u> <u>for</u> child development と下線部を加えたり変えたりすれば正しくなります。(B)は child developmental researching の researching を分詞ではなく research と名詞にすべきです。(C)は center ＝ researcher の関係となり、冠詞も抜けています。「～のためのセンター」という意味になる (D) が最適です。

Q10   正解 （B）

<u>As industrialization began to dominate</u>, farmers suffering economic decline became concerned with the problems of the modern economy.

工業化が重要な位置を占め始め、経済状況の悪化に苦しむ農民たちは、近代経済の問題点を懸念するようになった。

解説 時制の問題です。まず主節の動詞を見つけ（became）、文全体の時制を一致させましょう。(D) は、仮定法過去完了を用いるのであれば、主節は farmers ... would have become ... とすべきです。

Q11   正解 （B）

Fairy rings are a grass disease caused by fungi that grow uniformly in the soil, <u>spreading out in a larger circle each year</u>.

菌環（妖精の輪）は、菌類により生じた草の病気であり、土壌の中で均一に発達し、毎年より大きな円として広がっていく。

解説 分詞構文です。自動詞 spread が分詞 spreading の形を取って、主体的に「拡大していく、広がっていく」という意味を表します。(C) では、which が指す先行詞が the soil なのか a grass disease なのかが不明です。また、いずれが先行詞と考えても、spread に三単現 s がついていないので、選択できません。

Q12   正解 （C）

Tea grows well in temperate and tropical zones, <u>where the rainfall is evenly distributed throughout the year</u>.

雨が年間を通してまんべんなく降る温帯や熱帯地方では、お茶の木がよく育つ。

解説 先行詞が場所を示すzonesなので、関係詞はwhereあるいはin which となります。関係詞節のis distributedを修飾する副詞は(B)のeven(〜でさえ)ではなく(C)のevenly(均一に)が適切です。(A)や(D)では文が成立しません。

Q 13 正解 **(D)**

In 1988 Audrey Hepburn became UNICEF's special ambassador, <u>using the public's fascination with her</u> to draw attention to underprivileged children around the world.

1988年にオードリー・ヘプバーンは、ユニセフ(国連児童基金)の(親善)特別大使となり、彼女の魅力に対する世間の注目を世界中の恵まれない子どもたちへと向けさせた。

解説 同時に起こっていることを示す分詞構文で、主語となるのはオードリー・ヘプバーンです。「彼女の魅力に対する世間の強い関心を使って」という意味になる(D)が正解です。(A)は頭にandが必要です。(B)、(C)は適切な意味を成しません。

Q 14 正解 **(D)**

Through metamorphosis, an animal's body changes, <u>and so does its behavior</u>.

変態を経て、動物の体は変化を遂げる。そして、その行動形態もまた変化を遂げる。

解説 倒置の形を問う問題です。(D)はits behavior changesをso(〜もそうだ)を前に置いて倒置させた形で、これが正解です。よく登場する問題パターンの1つです。参考として、Mary went shopping, and so did Tom. など、簡略化した文で倒置法を覚えておくとよいでしょう。

*[参考]オタマジャクシは、カエルに変化を遂げることにより、エラ呼吸から肺呼吸へと身体的に変化し、それに伴って行動も変化します。

Q 15 正解 **(A)**

In 1964, <u>after eight years of deliberation and 66 drafts</u>, an act creating the National Wilderness Preservation System passed in Congress.

8年間の審議と66の草案の後、1964年にNational Wilderness Preservation System(厚生自然保全制度)をつくり上げる法案が、米国議会を通過した。

解説 選択肢とan actが同格の関係にあると考えると解けません。時と労力を経て法案が1964年に通過した、という内容になるように考えます。「8年間の審議と66の草案の後」という意味になる(A)が正解です。

解答と解説	Section 2 = Structure and Written Expression

Written Expressionの指示文対訳

指示文：設問16〜40では、各センテンスに4つの下線が引かれた語や句があります。文中に下線が引かれた4カ所はそれぞれ、(A)、(B)、(C)、(D)と印字されています。英文が正しい意味になるように、訂正すべき下線の語句を示しなさい。その後、解答用紙で問題番号を見つけ、あなたが選んだ解答に該当する箇所を塗りつぶしなさい。

例：太平洋プレートなど一部の構造プレートは、全体がほぼ海洋地殻からなる。

このセンテンスは「太平洋プレートなど一部の構造プレートは、全体がほぼ海洋地殻からなる」となるべきです。正解は(C)です。

では設問に取りかかってください。

Q16 正解 (B) were invented → invented

In 1964, John Kemeny and Thomas Kurtz invented the renowned programming language *BASIC* for interactive computing purposes.

1964年にジョン・ケメニーとトーマス・カーツは、対話型コンピューターを目的として、有名なプログラム言語であるBASICを発明した。

解説 inventは「〜を発明した」という意味の他動詞です。文意から、「プログラミング言語を発明した」となりますから、能動態にしかできません。

Q17 正解 (D) different of → different from

A dialect is a form of speech which is used only in a certain district and is different from the standard language.

方言は、ある特定の地域のみで使われ、標準語と異なる発話の形態である。

解説 「AはBと違う」と言いたい場合、A is different from B (AはBと異なる)とするのが一般的です。動詞のdiffer (異なる)を用いる場合もA differs from Bとなります。

Q 18 正解 (B) beneficial to → benefit、be beneficial to

Research into DNA recombinant technology will <u>benefit</u> people by modifying microorganisms into "factories" which can produce large quantities of medically useful substances.

DNAの組み換え技術に関する研究は、微生物を医学的に有用な物質を大量生産する"工場"として変化させることによって、人々に貢献するだろう。

解説 助動詞willの後には動詞の原形が必要ですので、benefit [動]にしないとまちがいです。beneficialを生かす場合は形容詞なのでbe動詞を補います。長い文に惑わされず、文の構造を見失わないようにしましょう。

Q 19 正解 (D) effectiveness → effective

Over the past 30 years, marine biologists have disclosed that jellyfish in their own habitat are among the most numerous, <u>effective</u>, and ingenious predators on Earth.

過去30年以上にわたって海洋生物学者は、自分たちの生息域にいるクラゲが、地球上で最も数が多く、能力が高く、頭の良い捕食動物の一種であることを解明してきた。

解説 文意は取りやすいと思います。問われているのはpredatorsにかかる形容詞の並列で、名詞effectivenessは形容詞にすべきです。なお、TOEFLテストの表記では、基本的に「地球」はEarthと大文字で始めます。

Q 20 正解 (A) consisted of a battery → composed of a battery、made up of a battery

A plain telegraph is <u>composed of a battery</u> that provides electricity, a telegraph key for sending signals, an electromagnetic sounder at the receiving end, and a wire that connects the sender and receiver.

単純な電信装置は、電気を供給するための蓄電池、信号を送るための電信キー、受信側における電磁音声発生器、そして、送り手と受け手を結ぶ電線によって成り立っている。

解説 consist of(〜から成る)とbe composed of(〜で構成される)は意味は似ていますが、consistは自動詞、composeは他動詞です。consistは受動態では使いませんから、(is) consisted ofの部分が不適切です。

Q21　正解　(A) In addition for → In addition to

In addition to portraits, Francisco Goya painted historical scenes such as *The Third of May, 1808*, which depicted the execution of Spanish rebels by the French military.
フランシスコ・ゴヤは、肖像画に加えて、『1808年5月3日』などの歴史的なシーンを描いた。その絵は、フランス軍によるスペイン人反乱者の処刑を描写したものである。

　解説　熟語の問題です。in addition to ～は「～に加えて」という成句です。なお、熟語以外で前置詞のまちがいを解答として選択する場合、他の選択肢の可能性がないか確認してください。

＊ [参考] Q8にも登場したスペインの主席宮廷画家であったゴヤは、肖像画や裸婦像を中心に描きました。のちにナポレオンによるスペイン占領、そして対フランス独立戦争に題材を取りました。『1808年5月3日』や『1808年5月2日』などは戦争の残酷さを描いています。

Q22　正解　(D) by shaping bone tools → to shape bone tools

In ancient times, sharpened stones were used to skin trapped animals, to cut down tree branches, to shape bone tools, and to scrape animal hides.
古代において、鋭利な石器（尖頭器）は、捕まえた動物の皮はぎや木の枝の伐採、骨角器の成形、動物の毛皮のなめしに使われた。

　解説　sharpened stones were used に続く to 不定詞が、カンマで並列されていることに気づきましたか。to skin、to cut down、and to scrape の並列と考え、(were used) to shape とするのが適切です。

Q23　正解　(B) 25-feet waves → 25-foot waves

When Hurricane George passed, people witnessed 25-foot waves whipped by gusts of wind with speeds as high as 70 miles per hour.
ハリケーン・ジョージが通過するとき、人々は、時速70マイル（約113キロメートル）にも匹敵する突風により（泡状に）かき立てられた25フィート（約8メートル）の波を目の当たりにした。

　解説　分詞や as high as などの比較級を含む文章なので、惑わされるかもしれませんが、語彙・表現の問題です。数詞と単数の名詞をハイフン [-] を用いてつなげ、形容詞的に使うことができます。類似の例としては、a five-year-old child などもよく出題されます。years と複数形にならないことに注意しましょう。

Q 24　正解 (D) or striking → or strike

Sound waves are produced when objects move, vibrate, <u>or strike</u> other objects.

音波は、物体が移動、振動、あるいは他の物体に衝突したときに発生する。

解説　動詞の並列に関する問題です。objects を主語にして move, vibrate, と動詞が続くので、この後も or strike とすべきです。文構造を押さえておけば解ける問題なので、焦らずに解答してください。

Q 25　正解 (C) because of → because

Scientists have given attention to dwarf galaxies only in recent years <u>because</u> most of them are so faint.

科学者たちは近年になって、ようやく小銀河に注目するようになった。なぜなら、ほとんどの小銀河の光が非常に弱いからである。

解説　because の使い方を問う頻出問題です。because of(〜のために)の後には名詞(句)が続きます。しかし、ここでは most of them are so faint と主語と動詞を用いた節が続いていますから、接続詞の because にしなければなりません。

Q 26　正解 (D) is called → are called

Atoms are combined to form molecules, and the forces of attraction between them <u>are called</u> chemical bonds.

原子は結合して分子をつくる。そして、それら(原子)の間に働く引きつける力は化学結合と呼ばれている。

解説　下線部(D)の主語が何かを考えてください。the forces of attraction です。複数形ですので、(D)の動詞もそれに呼応させ、are となります。

Q 27　正解 (A) Not alike → Not like、Unlike

<u>Not like</u> other minerals, quartz has a rigid framework where all of the tetrahedra are tightly bound.

他の鉱物と異なり、水晶は強固な構造を持っている。そこではすべての4面体が強固に結合している。

解説　文頭の alike を like に変える問題は、TOEFL でよく出題されます。名詞を後に続けて「〜と同様に」という意味にするには、like を用います。ここでは文頭に Not があるので、Not like 〜で「〜と異なって」という意味になります。alike は例え

ば形容詞として、They are very much alike.（彼らは似ている）のように使います。

Q 28   正解 (C) or by a shift → or from a shift

A loss of food in a substantial proportion of the population can result from unemployment, from a decline in purchasing power <u>or from a shift</u> in the exchange rate between goods sold and food bought.

かなりの割合の国民の食糧不足は、失業、購買力の低下、あるいは売られている商品と購入される食料との交換比率の変化に起因する。

解説 並列の問題です。食糧不足の原因として result from を用い、原因を並列させているのに気づけたでしょうか。result by とは言わないので、(C) がまちがいです。他によく出題されるパターンに、動詞・形容詞・名詞の並列があります。例えば、The value of aquamarine is determined by <u>color, shape, and weight</u>.（アクアマリンの価値は、色、形、重さで決まる）のような英文で、下線部の weight が動詞の weigh になって紛れている問題などが出題されます。

Q 29   正解 (B) series of → a series of

In 1776, a Virginian, Richard Henry Lee, introduced <u>a series of</u> formal resolutions in Congress, demanding independence and a national government.

1776年に、バージニア州出身のリチャード・ヘンリー・リーは、独立と中央政府を要求する一連の決議案を議会に提出した。

解説 a series of ～（一連の～）という意味で、単数扱いです。series が複数形に見え、勘違いしやすいので、注意しましょう。

Q 30   正解 (B) cool, moisture air → cool, moist air

Since mushroom farming requires <u>cool, moist air</u>, mushrooms are grown in caves or indoors on shelves.

（食用）キノコの栽培は、涼しくて湿度を含む空気が必要なために、洞くつや室内の棚で栽培されている。

解説 moisture は名詞ですので、moist（湿った）と形容詞にする必要があります。この名詞と形容詞の取りちがえに関する問題は、頻出問題の1つです。

Q31 正解 (D) on its behavior → on their behavior

Through her tireless efforts, Dian Fossey finally gained the gorillas' trust and eventually became a renowned expert <u>on their behavior</u>.

精力的な努力により、ダイアン・フォッシーは最終的にゴリラの信頼を勝ち取り、ついにはゴリラの生態に関する著名な専門家となった。

解説 数の一致は出題頻度の高い問題です。on its behaviorのitsが何を指しているかを考えるとgorillasしかありません。ならば、itsは複数形の所有格theirにすべきです。behaviorは数えられない名詞なので、複数形のsはつきません。

Q32 正解 (D) every Sundays → every Sunday

When Marilyn Monroe passed away in 1962, her former husband, Joe DiMaggio, made a pledge to place fresh flowers on her grave <u>every Sunday</u>.

1962年にマリリン・モンローが亡くなったときに、前夫であったジョー・ディマジオは、日曜日ごとに生花を彼女の墓前に飾ることを誓った。

解説 everyは特別な用法を取ります。everyに続く名詞は通常単数形なので「毎週日曜日に」という意味でevery Sundaysと「every+複数形」にしてはいけません。例外的に「3年ごとに」という意味ではevery three yearsとし、複数形を取ることができます。

Q33 正解 (C) large number of → a large number of、a

number of、numbers of

Writing and mathematical systems allowed the Maya to create calendars, make calculations, and rule <u>a large number of</u> people through bureaucracies.

書法と算術のシステムが、マヤ(文明)に暦を生み出し、計算を実現させ、そして官僚制度を通して多くの人々を統治することを可能にした。

解説 a number of ～(多数の～)に、総量の大きさを示すlargeが追加された形です。あるいは、numbers of ～でも「多数の～」という意味になります。

Q34 正解 (C) to → with

The U.S. Fuel Administration, which was established in 1917, was concerned mainly <u>with</u> coal production and conservation of energy.

1917年に設立されたアメリカのFuel Administration(燃料省)は、主に石炭の生産とエネルギーの保全に関与した。

解説 be concerned with〜で「〜に関係する」という意味です。withの代わりにtoを用いるとto不定詞となり、toの後ろに動詞の原形が続きます。なお be concerned about〜は「〜を心配する」という意味です。

Q35 正解 (C) highly wartime demand → high wartime demand

The railroad system, which provided most of the inter-city transportation in the United States, nearly collapsed in the winter of 1917 because of high wartime demand and heavy snows which slowed service.
戦時下の（石炭への）高い需要およびその稼働を低下させる激しい降雪により、アメリカの都市間輸送のほとんどを担っていた鉄道制度は1917年の冬に崩壊寸前となった。
解説 名詞のwartime demand（戦時下の需要）を修飾するので、副詞のhighlyではなく、形容詞のhighを用います。名詞を修飾できるのは、原則形容詞ということを心に刻みましょう。

Q36 正解 (D) smells badly → smells bad

Although crows are omnivores, they do not eat food if it smells bad.
カラスは雑食性だが、その食餌が悪いにおいを放つ場合は食べない。
解説 通常、動詞を修飾する場合には副詞を用いますが、感覚動詞に分類されるsmell、feel、tasteなどは補語を伴ってSVCの文型を取ります。従って形容詞badを用います。

Q37 正解 (C) among the marginal efficiency → between the marginal efficiency

The level of investment is determined by the equilibrium between the marginal efficiency of capital and the rate of interest.
投資レベルは、資本の限界効率と（市場）金利との間の均衡点により決定される。
解説 2つのものの関係を示しているので、ここでは、amongではなくbetweenを使います。amongは3つ以上の場合に用います。

Q 38　正解　(B) was studied → were studied

It was not until the magnetic effects of electric currents <u>were studied</u> that a practical telegraph system became available.

電流による電磁気の効果が研究されて初めて、実用的な電信システムが利用可能となった。

解説　It is not until ～ that ... は「～して初めて…する」という意味で、強調構文を用いた慣用表現です。強調構文はリーディング・セクションでも多用されますので、覚えておいてください。この設問では until で導かれる節内の主語 (the magnetic effects) に対応させるため、be 動詞を were studied と複数形にします。

Q 39　正解　(A) The original → The origin

<u>The origin</u> of water on the Earth is linked to the reactions by which water-containing silicate minerals were formed.

地球における水の起源は、水を含むケイ酸塩鉱物が形成された際の反応と関係している。

解説　original は「最初の、原始の」という意味の形容詞です。「水の起源」と言いたいのなら名詞の origin を用いる必要があります。ちなみに、「震源地」は the origin of the (an) earthquake です (震央は epicenter ともいいます)。

Q 40　正解　(D) onto → into

Plants play an important role in the cycle of water in that their roots take in water that has seeped <u>into</u> the earth.

植物の根は地中にしみこんだ水を吸収するという点において、植物は水のサイクルに重要な役割を果たしている。

解説　「地中へ水がしみこむ」という文意ですから、onto (～の上へ) は不適切で into (～の中へ) が正解です。前置詞の問題は判断が難しい場合が多いので、他の選択肢を選びようがないことを十分に確認してから、選ぶようにしてください。

| 解答と解説 | **Section 3 = Reading Comprehension** |

リーディング・セクションの指示文対訳

制限時間：55分

指示文：テストのこのセクションでは、いくつかのパッセージを読みます。それぞれのパッセージの後には、それに関する設問が続きます。1から50までの各設問に対し、選択肢(A)、(B)、(C)、(D)から、最適な解答を選ばなければなりません。次に、解答用紙で問題番号を見つけ、あなたが選んだ解答に該当する箇所を塗りつぶしなさい。パッセージ中で述べられたりほのめかされたりしたことを基に、パッセージに続くすべての設問に答えなさい。

次の文章を読みなさい。

　クラシック音楽の大御所であるレナード・バーンスタインは、作曲家であり、指揮者であり、ピアニストであった。彼は1918年にマサチューセッツ州ローレンスに生まれた。彼はハーバード大学で音楽を学び、フィラデルフィアにあるカーティス音楽院でピアノを学んだ。1940年、彼はボストン交響楽団が創設したばかりのタングルウッドで教育を受けた。彼はセルゲイ・クーセヴィツキーの下で指揮を学び、後に彼の助手になった。

例題：

この文の主題は何ですか。

    (A) カーティス音楽院
    (B) クーセヴィツキーの教え子としてのバーンスタイン
    (C) バーンスタインの生涯
    (D) ボストン交響楽団

この文章の主題はバーンスタインの生涯についてです。正解は(C)です。

それでは設問に取りかかってください。

Q 1-9

対訳

　自然界は美しい光景で満ちていますが、中でも、羽を広げたアジアのクジャクほど目をみはる光景は珍しいのではないでしょうか。しかしながら、鳥があれほどの装飾を凝らした羽をまとうのは、美しさを誇示するためだけではなさそうです。アジアのクジャクの金と緑の羽には、そのユニークさからピーコック・ブルーと呼ばれる色を持つ"目玉"のような紋様（眼状斑点模様）がありますが、それは目を楽しませてくれるだけでなく、交配前と交配時に雌のクジャクの関心を引く役割を果たします。

　雌のクジャクはピーヘンと呼ばれ、交配相手を羽の質で選びます。その際、重要になってくるのは、眼状斑点の数と大きさです。1994年に、オックスフォード大学の動物学者、マリオン・ペトリーは、母鳥が交配相手を選ぶ際の好みが、その子どもたちにどういった影響を及ぼすのかを確かめる実験を行いました。彼女は、眼状斑点が最も多い（親鳥の）クジャクのひなたちのほとんどが、生後84日では他のひなたちよりも大きいことを発見しました。

　その後、そのひな鳥たちは（人間の手によって）管理された環境から取り出され、ウィップスネード公園の比較的野生の残る居住区に放されました。その公園にはキツネやその他の捕食動物が（生息して）いて、ひな鳥のサンプル数を59％も落ち込ませました。そして、その母集団を分析した結果、体の大きなひな鳥は小さなものより生存率が高いことが明らかになりました。

　ペトリーは、自然界とほとんど同じ条件下であれば、装飾が派手な羽を持つ雄のひなのほうが、生存率は高いことを発見しました。そのことから、ペトリーは雄クジャクの装飾的な垂れた尾に現れる遺伝情報に、雌のクジャクは引きつけられるのだろうと結論づけました。

　ペトリーの実験結果が発表されて以来、人間にも外見上、遺伝情報を有する魅力的な特徴があるのかどうかを見つけるため、さまざまな研究が行われてきました。有望視されている研究の1つには、男性の下あごの輪郭に注目しているものもあります。

Q 1   正解   (C)

筆者は、次のどの意見に最も賛成しそうですか。

(A) 自然界ではアジアのクジャクの羽が一般的に見られる。
(B) アジアのクジャクにはほんの少ししか素晴らしい羽がない。
(C) アジアのクジャクの羽は自然界で目にできる最も素晴らしい光景の1つである。
(D) アジアのクジャクはその最も華美な羽の一部しか広げない。

解説 冒頭の few are as spectacular as ... がキーセンテンスです。few（少ししか〜ない）に比較級as〜as ...（…と同じくらい〜だ）が組み合わさり、「アジアのクジャクが羽を広げる光景と同じくらい目をみはる光景は、めったにない」という意味になります。(A) は commonly seen in nature（自然界で一般的に見られる）という部分がまちがいです。(B) は「ほんの少ししか素晴らしい羽がない」という意味です。また、羽を広げたクジャクの美しさが珍しいのであって、(D)の a few of its most ornate feathers（最も華美な羽の一部）は、内容的に異なります。

Q2 正解 （A）

1行目にある teems with に最も近い意味を持つのはどれですか。

(A) 〜で満たされている
(B) 〜を持つ唯一である
(C) 〜を好む
(D) 〜を欠く

解説 teem with 〜 は「〜が豊富にある、〜で満ちている」という意味なので、(A) の is filled with が最適となります。また、(B) を文中に挿入すると「自然界のみが美しい光景を持つ」という意味になり、不適切です。(C) は文中に入れても意味は通じますが、teem with とは異なる意味になるので、不正解です。(D)の lacks（〜を欠く）は反意語となり、不適切です。

Q3 正解 （B）

3行目にある aesthetics に最も近い意味を持つのはどれですか。

(A) 好み
(B) 美
(C) 自然
(D) 豊かさ

解説 類義語を選択する問題です。問題文の aesthetics は「エステティック・サロン」と言うように「美」を意味します。従って正解は (B) です。(D) affluence は比較的難しい単語ですが、「豊かさ」という意味です。

Q4 正解 （B）

6行目にある the species は何を指していますか。

(A) 金色と緑色の羽

(B) アジアのクジャク

(C) "目玉"のような紋様

(D) 目を楽しませてくれるもの

解説 the species は「その種」という意味です。この文ではアジアのクジャクの羽の役割について触れられており、「その種の雌を引きつけるため」という内容となるため (B) の the Asian peacock (アジアのクジャク) が正解です。

Q5 正解 (**C**)

8行目にある his は何を指していますか。

(A) 雌のクジャク

(B) ピーヘン (雌のクジャク)

(C) (雌のクジャクの) 連れ合い

(D) 動物学者

解説 his は、ここでは「雄の」を意味します。つまり雌である female peacock が選択した相手です。7行目 The female peacock, ... chooses her mate から (C) her mate が適切な解答になります。

Q6 正解 (**C**)

第2パラグラフの意図は次のうちどれですか。

(A) マリオン・ペトリーを紹介すること

(B) 雌のクジャクが伴侶を引き寄せる方法を説明すること

(C) ペトリーの実験について報告すること

(D) クジャクの眼状斑点模様がどれほど美しいかを詳述すること

解説 正攻法で考えた場合、第2パラグラフの最終文に She discovered ... とペトリーが実験で発見したことが述べられており、このことから (C) を選択できます。次に消去法で考えてみましょう。まず (A) は、このパラグラフがペトリー自身の紹介ではないので不適当です。(B) は、雄と雌が逆になっており、述べられていません。(D) は、第1パラグラフで述べられていますが、第2パラグラフにはありません。(C) だけが、第2パラグラフの内容を示している点で、他の選択肢と異なります。これが正解です。このように、正攻法と消去法のどちらを使っても正しい選択肢を選ぶことが可能です。

Q7   正解 （B）

次のうち筆者がほのめかしているのはどれですか。

(A) キツネが生態系を壊している。
(B) ウィップスネード公園には比較的野生の環境がある。
(C) 雄クジャクの遺伝的組成と羽の間には何も関連がない。
(D) ペトリーの実験は適切な条件下で実施されなかった。

解説 第3パラグラフの冒頭に、The birds ... released into the comparatively wild habitat（ひな鳥たちは…比較的野生の残る居住区に放された）とあります。(B) では comparatively を relatively に置き換えています。ここで即座に (B) を選択することも可能ですが、慎重を期して、消去法も用いてみましょう。(A) は「キツネが生態系を壊している」という意味で、捕食動物が生息する状態が自然に近い条件なのですから消去できます。(C) は、第4パラグラフに遺伝的組成と雄の羽の関係が結論づけられたと書かれていますから、消去できます。(D) は、比較的自然に近い状況で行われた実験と報告されていますので消去できます。

Q8   正解 （D）

20行目にある genetic に最も近い意味を持つのはどれですか。

(A) 環境の
(B) 通常の
(C) 典型的な
(D) 遺伝性の

解説 genetic は「遺伝子の」という意味で、重要単語です。(D) hereditary は「遺伝性の」という意味です。hereditary の意味を知らない場合は、文中に選択肢の単語を順番に入れてみましょう。そして、文脈上の観点から意味がつながらないものを消去していきながら考えてみてください。

Q9   正解 （D）

筆者がこの後のパラグラフで述べると思われるのは次のどれですか。

(A) ペトリーの研究への批判
(B) 鳥とその装飾的な羽に関する他の研究
(C) 雌のクジャクが雄のクジャクを引きつける方法
(D) 人間の特質と遺伝情報に関する研究

解説 最終パラグラフで人間の下あごの輪郭について触れています。これに関

して結論めいたことは書かれていませんので、最後のパラグラフの主題が次のパラグラフのトピックとして展開されるだろうと予測できます。TOEFLでは文脈を重視します。ここは素直に (D) を選択しましょう。

このパッセージのように「実験的な試み」について書かれた文章は、背景知識がなくても常識や文脈を手掛かりに解ける問題が多いので、気後れせずに立ち向かってください。

66 時間の感覚を身につける 99

● 時間厳守で解く訓練をする

　TOEFL ITPにおいて大事なことは、時間内にすべての解答を終わらせることです。セクション3では、55分の間に5パッセージ (50問) を解かなければなりません。1パッセージにさける時間は、約11分です。常にストップウオッチを使い、速読力を徹底的に高めてください。1パッセージを10分以内に解く練習をしましょう。

　難しいと感じるパッセージがあったとしても、時間を厳守してください。さらに、時間節約のために、できるだけ設問を飛ばさず、順番どおりに解いていくほうがいいでしょう。

　また、このリーディング・セクションで時間内に満足できるスコアが取れるようになった受験生の方は、練習としてTOEFL iBTテストに挑戦してみましょう。iBTでは最初のセクションがリーディング・セクションです。私はTOEFL ITPとiBTの時間配分の感覚はかなり類似していると感じています。

Q 10-20

対訳

　イタリアの物理学者であるガリレオは、固定点からぶら下げられた物体が、重力の作用で前後に振動するのに要する周期は、その円弧の大きさに関係なく同じままであるという、等時性の科学的原理を発見しました。1657年には、オランダの科学者であるクリスティアーン・ホイヘンスがこの発見を利用して振り子時計を発明しました。この仕掛けは今日においても、時間を正確に刻ませるため、特定のタイプの時計に使用されています。

　時計に使用されている振り子のタイプは、補正振り子として知られています。それは、まさに単振り子と同じように動くもので、その名が示すように補正する部品が装着されているだけのものです。単振り子の問題点は、気温が振り子のさおの長さに影響して、その振動周期が変化することです。従って、冬には気温が低く金属棒が短くなるため、時計は速く進みすぎ、夏には熱によって金属が膨張して（長くなるため）、遅くなりすぎます。この問題を解決するために、水銀を使用した補正振り子や、すのこ型振り子が使われるようになりました。

　水銀振り子では、気温の差を打ち消すために水銀の特性を利用します。この振り子では銀の液体をほぼいっぱいにしたガラス管を使用し、振り子が高温によって下方向に伸び始めると、その変化を相殺するために、すぐに水銀が上方向に膨張し始めます。この原理は、気温が低い場合には逆に働きます。水銀の熱膨張係数は基本的に一定なため、水銀振り子は正確なのです。

　すのこ型振り子では、まったく異なった方法で、熱や寒さに対する補正を行います。それは直立の金属棒の極めて入り組んだ格子で構成されています。それら（の金属棒）すべては、その性質に応じて膨張係数が異なります。相対的な長さが巧みに調整されるのなら、振り子が気温変化によって不正確になることはありません。

　しかし、おそらく最も有名な振り子はフーコーの振り子です。この振り子はその製作者であるジャン・ベルナール・レオン・フーコーから名前が取られています。これは時を測るための装置ではなく、地球の自転を証明するために使われます。

Q 10　正解（B）

この文章は主に何を述べていますか。

(A) 等時性の現象
(B) 振り子と、振り子の時間計測への応用
(C) 振り子と、振り子の天文学への応用
(D) フーコーの振り子

解説 まず、(C)については述べられていません。(A)と(D)は文中で触れられていますが、数あるトピックの1つに過ぎません。全体を通して述べられているのは、振り子による時間計測の装置がいかなる発明だったのかという話です。(B)が正解です。

Q11 　正解 ▶ (D)

3行目にあるoscillateに最も近い意味を持つのはどれですか。

(A) 〜を誘発する
(B) 回転する
(C) 動く
(D) (弧を描くように)揺れ動く

解説 oscillate(振動する)という意味から、(D) swing(〈弧を描くように〉揺れ動く)が最適です。oscillateを知らなくても、直後のback and forthから「前後運動を行う」という意味が取れると思います。(C) moveには「振動する」という意味はありませんから選択できません。

Q12 　正解 ▶ (C)

4行目にある代名詞itsは何を指しますか。

(A) 科学的原理
(B) 一定の時間
(C) ある物体
(D) 定点(不動点)

解説 arc(弧)を描くものは何かを考えましょう。もちろん「もの」でなければなりません。該当するのは(C)のan objectだけとなります。文中のoscillate(振動する)やgravity(重力)は、文意を把握するうえで重要な単語です。覚えておきましょう。

Q13 　正解 ▶ (C)

この文章によると、振り子時計を発明したのは誰ですか。

(A) ガリレオ
(B) イタリア人物理学者
(C) クリスティアーン・ホイヘンス
(D) ジャン・ベルナール・レオン・フーコー

解説 引っかけ問題ですので、気をつけましょう。原理を見つけたのは(A)のガリレオですが、第1パラグラフにthe Dutch scientist Christiaan Huygens used this discovery to invent the pendulumとあり、原理を応用して振り子時計を製作したのはホイヘンスであることがわかります。

Q14　正解（**D**）

単振り子を用いた時計が季節で相違を生じることについて、正しく説明しているのは次のどれですか。

(A) 冬と夏は動きが速くなりすぎる。
(B) 冬と夏は動きが遅くなりすぎる。
(C) 冬に遅くなりすぎ、夏に速くなりすぎる。
(D) 冬に速くなりすぎ、夏に遅くなりすぎる。

解説 振り子の時間のずれの原理は、第2パラグラフでin winter, ... clocks go too fast（冬は……時計は速く進みすぎる）、in summer ... too slow（夏は……遅くなりすぎる）と述べられていますから、(D) が正解です。考えるのに時間がかかるかもしれませんが、落としてはいけない問題です。

Q15　正解（**D**）

この文章によると、振り子の速度が変わる原因は次のどれですか。

(A) 弧の大きさ
(B) 重力
(C) 振り子の重量
(D) 軸の長さ

解説 第2パラグラフ中ほどにas temperatures affect the length of the rod, the oscillation period varies（気温が振り子のさおの長さに影響して、振動周期が変化する）とあります。文中では、rod（さお）やbar（棒）という表現を使っていますが、それらはpole（軸）と同義語です。そこで(D) the length of the poleが正解となります。

Q16　正解（**C**）

水銀について文中で述べられていないのは、次のどれですか。

(A) 銀色である。
(B) 液体である。

(C) すのこより安価である。

(D) 熱に敏感である。

　　解説　第3パラグラフをしっかり読んで、消去法で答えてください。It uses a glass tube almost full of the silver liquid（銀の液体をほぼいっぱいにしたガラス管を使用し）から、(A)と(B)が消去できます。続く、the mercury immediately starts to expand upwards（すぐに水銀が上方向に膨張し始める）からは、水銀が熱に敏感な性質であることががわかり、(D)が消去できます。水銀がすのこより安価であるかどうかは、文中では触れられていません。よって(C)が正解です。選択肢は自分の知識でなく、書かれている内容から判断しましょう。

Q17　正解　(A)

15行目のcounteractに最も近い意味を持つのはどれですか。

(A) 〜を相殺する

(B) 〜を加速する

(C) 〜を妨げる

(D) 〜を増加する

　　解説　ここで、counteractは「〜を和らげる、相殺する」という意味を持つ他動詞です。文意からも、温度変化を「打ち消して調整する」という意味が取れます。同じく「〜を相殺する」という意味を持つ (A) offset を選択します。まちがえた人は語彙力を上げる努力をしましょう。

Q18　正解　(B)

24行目のcomparativeに最も近い意味を持つのはどれですか。

(A) 絶対的な

(B) 相対的な

(C) 不釣り合いの

(D) 熟練した

　　解説　このセクションで50点以上取るためには落としてはいけない問題です。comparativeは「相対的な」という意味です。すのこ型振り子が複数の金属棒を複雑に組んだ仕掛けであることがわかれば、(B)のrelative（相対的な）が選択可能です。あるいは、消去法を用いて解いてみましょう。(D)のskillful（巧妙な、熟練した）を文中に入れるとIf their skillful lengths are skillfully attuned（巧妙な長さが十分に調整されるなら）と意味をなしません。(C)のmismatched（不釣り合いな）も不自然です。(A)のabsolute（絶対的な）は (B) relative の反意語となります。

Q19　正解（**B**）

筆者は次のどの意見に賛成しますか。

(A) すべての振り子は時間を計測するためのものである。
(B) 振り子は有益な科学装置である。
(C) 振り子時計の大半は不正確である。
(D) 振り子の多くは単純な設計である。

解説　最終パラグラフのFoucault pendulum（フーコーの振り子）の説明が重要です。(B)のPendulums are a useful scientific apparatus.（振り子は有益な科学装置である）という意見は、それまで述べてきたこのフーコーの振り子の話や振り子式時計に一致しています。(A)の「すべての振り子は時間を計測するためのもの」ではないことも、このパラグラフからわかります。(C)と(D)は、パッセージ全体の文意を把握しておけば消去できると思います。

Q20　正解（**D**）

この文章からフーコーの振り子は、何に使われていると推測できますか。

(A) 地球の自転の正確さを確認するため
(B) 振り子の新しい利用法を実験するため
(C) 時刻を知らせるため
(D) 地球の自転を示すため

解説　最終文にIt is not a timekeeping ..., but is used to demonstrate the rotation of the Earth.（これは時を計るための装置ではなく……、地球の自転を証明するために使われる）とあり、(D) showing the Earth's rotationと同じ意味です。比較的やさしい問題ですので、落とさないようにしましょう。

引っかけ問題が少ないパッセージです。実は、私が本のためにこのパッセージをつくった後、本試験のリスニングに「フーコーの振り子」が出題されました。あらゆることに興味を持つこと、すなわち「背景知識を増やすことが高得点に結びつく」ことを実証した問題だと思います。

Q21-30

　熱帯性の海洋は、壊れやすい生態系である世界中のさんご礁の生息地です。そこは、認知されている海洋生物の驚くべき割合を支えています。1979年になって、このさんご礁の繊細なバランスを脅かすプロセスが発見されました。さんごの白化現象として知られるそのプロセスは、1999年に、ジョージア大学アセンズ校で行われた科学研究の結果から、地球温暖化との関連が公式に認められました。

　さんごの白化現象は、さんごに生息する共生の藻類が光合成の能力を失い、その結果、さんご礁にエネルギーを与えなくなることによって起こります。その後、それらの藻類はさんごから排出されるので、さんごの白い骨格だけが残ります。そのために、白化と言われるのです。この調査の過程で、異常なほどに温度の高い海水がこの現象の原因であったことがわかりました。

　この研究の実地調査は、1997年フロリダ・キーズにおいて、水温が異常に高くなったときに行われました。パルス振幅変調蛍光法と呼ばれる手法を使用し、調査員はさまざまな深さで藻類をモニターし、水温が上昇すると、光合成に必要なタンパク質D1の効率性が著しく損なわれることを発見しました。この損傷がある一定の、元に戻れないレベルに達したことで、その影響を受けた藻類がさんごから排出されたのです。

　単独で発生した白化現象からさんごを回復させることは可能ですが、同じことが再三起きると、さんごと、さんごに依存し、その保護を受けている多様な種(の生物)が死滅することもありえます。グリーンピースの報告では、水温がこのまま予測されている割合で上昇を続けた場合、さんごの白化によって、2050年までに主要なさんご礁すべてが深刻な影響を被るだろうと言われています。

　しかしながら、地球の温暖化は高い割合を占めるものの、さんごの白化の何割かを占めるにすぎません。その他の原因としては、水質汚染、紫外線の放射(量)、病原菌を運ぶ細菌(微生物)などが挙げられています。

Q21　正解　(C)

この文の主題は次のうちどれですか。

(A) 熱帯の海洋
(B) さんご礁
(C) さんごの白化現象
(D) 地球温暖化

　解説　全体にわたってcoral bleaching(さんごの白化)をめぐる研究について

述べられています。この設問では、(C) 以外の選択肢は明らかに不適切ですから、自信をもって選んでください。比較的解答しやすい問題です。

Q22 正解 (**A**)

1行目のfragileに最も近い意味を持つのはどれですか。

(A) もろい
(B) 強い
(C) 取るに足らない
(D) 固い

解説 fragile（壊れやすい、もろい）は、TOEFLの頻出語です。例えば、荷物にfragileと書いてあれば「壊れ物」という意味になります。(A) delicate には「繊細な」という意味以外にも「壊れやすい、もろい」という意味があります。リーディングで55点以上を狙うなら、落としてほしくない同義語選択問題です。

Q23 正解 (**B**)

この文章によると、さんごと共生する藻類との関係はどれですか。

(A) カムフラージュのために、さんごは藻類を必要としている。
(B) エネルギー源として、さんごは藻類を必要としている。
(C) 光合成のために、藻類はさんごを必要としている。
(D) カムフラージュのために、藻類はさんごを必要としている。

解説 第2パラグラフの冒頭から、共生の藻類が光合成の能力を失うと、さんごにエネルギーを与えることができなくなってしまうことが、わかります。言い換えれば「さんごは藻類にエネルギーを依存している」ということです。このことがわかれば、(B) を選択できます。(C) は、藻類自体がphotosynthesis（光合成）を行っていることがわかりますので不適切です。symbiotic（共生の）という語を知っているかどうかで難易度はちがってきますが、落ち着いて選択肢を吟味して解答したほうがよい問題です。

Q24 正解 (**C**)

この文章によると、bleachingという言葉がさんごの損傷を表すために使われているのはなぜですか。

(A) それは光合成と関係しているから。
(B) それがエネルギーを低下させるから。

(C) それが色素を弱めるから。

(D) それが熱を増大させるから。

解説 第2パラグラフの内容が理解できていれば解ける問題です。キーフレーズは2文目 which is left with only its white frame — hence the term bleaching. (白い骨格だけが残る。そのために、白化と言われる) です。つまり色素が薄くなって白くなるということなので (C) が正解です。設問と文章を正確に解釈することが大切です。

Q25 　正解 (**A**)

16行目の impaired に最も近い意味を持つのは次のどれですか。

(A) 悪化させられた

(B) 修復された

(C) 気づかれた

(D) 促進させられた

解説 impair（〜を損なう、減ずる、害する）も、頻出単語なので覚えておきましょう。この単語を知らなくても、続く Once this damage reached a certain, irreversible level から、何らかの現象がある種の損傷を与えたのだろう、と推測できます。severely impaired はネガティブな意味を持つ表現であると考えます。(A) worsened 以外にネガティブな意味の単語はありませんので、(A) を選びます。

Q26 　正解 (**A**)

21行目の drastic に最も近い意味を持つのはどれですか。

(A) 厳しい

(B) 究極の

(C) 持続不可能な

(D) 未知の

解説 同義語問題では、置き換えても同じ意味になる語句を選ぶようにしましょう。drastic（激烈な、深刻な）な影響は、最終的には (C) の unsustainable（持続不可能な）な結果をさんご礁にもたらすでしょう。しかし、語義だけ考えると (A) severe（過酷な、厳しい）が最も近い意味になります。

Q27 　正解 (**B**)

筆者が第4パラグラフで「グリーンピースの報告」に触れているのはなぜですか。

(A) さんごの白化対策の一例を示すため
(B) さんごの白化問題の潜在的な規模を説明するため
(C) さんごの白化に対抗する計画を紹介するため
(D) グリーンピースの戦略を公表するため

解説 21行目 claims that 以下の文章が重要です。all major coral reefs から さんご白化の現象が世界的規模で進行していることがわかります。白化現象の潜在 的な規模を説明するため、とする (B) が正解です。

Q 28 正解 (**A**)

24行目の accounts for に最も近い意味を持つのは次のうちのどれですか。

(A) 〜より成る
(B) 〜を正当化する
(C) 〜に指示する
(D) 〜を説明する

解説 account for 〜 はこの文では「〜の割合を占める」という意味です。キー フレーズは a percentage ... of coral bleaching で、(A) の comprises (〜より成る、 〜を構成する) が近い意味となります。account for 〜の別の意味である「〜を説明す る」と近い (D) explains は、引っかけの選択肢です。(D) を見て、即座に「(D) しかな い」と思い込まないでください。比較的やさしい単語の場合、すべての選択肢をよく 見ることが重要です。

Q 29 正解 (**D**)

筆者は次のどの意見に賛成する可能性が高いですか。

(A) 藻類はさんごの中で最も一般的に見られる生命体である。
(B) 繰り返し白化現象が発生した後であっても、完全な復元はいつでも可能である。
(C) さんごはさんごの破壊と同じ割合で再生できる。
(D) 地球温暖化はさんごの白化の主な原因である。

解説 第5パラグラフの内容が理解できていれば、(D) を選択できます。同時に これは、パッセージ全体に貫かれている考えです。第5パラグラフで、接続詞 albeit (〜ではあるが) の意味を取りちがえないことです。筆者は温暖化がサンゴの白化の 原因のかなりの割合を占めることを認めています。

Q 30　正解　(C)

著者はこの文章中のどこで、実地調査が行われた年を述べていますか。

(A) 2～3行目
(B) 3～6行目
(C) 12～13行目
(D) 21～23行目

解説　設問文と選択肢をよく読むことが大事です。(C)12～13行目には、Field research for the study（研究のための実地調査）が登場します。(B)では「科学研究の結果から、地球温暖化との関連が1999年に公式に認められた」と述べています。つまり、関連が認められたのが1999年であり、おそらくそれ以前に実地調査が行われたと考えてよいでしょう。急ぐあまり、文意を取りちがえないようにしてください。

> 生態系に関する問題はTOEFLで多く出題されています。多くの文系の人にとっては、難易度の高いパッセージだったかもしれませんが、背景知識を増やすためにも、また、理系のトピックに弱い人にもぜひ知っておいてほしい内容です。

Q 31-40

対訳

　ボルティモアは、1661年にイギリス人によって植民され、当初はにぎやかなタバコの貿易港として栄えました。当時のメリーランドは、タバコ栽培に関してはバージニアと肩を並べ、ボルティモアの周辺地域は、少数のより規模の大きなプランテーションと同様に多くの小規模なタバコ農場であふれ返っていました。メリーランドの比較的温暖で、霜の降りることのない気候と、ピードモントのような肥沃（ひよく）で植物の育つ地域は、タバコ栽培には最適でした。さらに、この生産物（タバコ）の高い相場が、農民たちにこのもうかる農作物の生産を思い留まらせることはありませんでした。

　大半の港町と同じように、ボルティモアでも造船業が急速に発展しました。実際のところ、快速帆船のボルティモア・クリッパーは、今でも造船業界で有名です。このボルティモア・クリッパーの起源ははっきりとはしないものの、それらの帆船がその港で慣習的に建造されたと考えるのが妥当でしょう。明らかなのは、その快速帆船が高性能の帆船として国際的に評価されていたことです。また、その船は海賊や密輸業者にも同様に人気があったというありがたくない名誉も有しています。

　18世紀には、ペンシルバニアとメリーランド周辺で始まった小麦の栽培によって、ボルティモアは急激な発展を遂げました。この活性化によって、莫大な所得がもたらされ、その地帯の都市、特にボルティモアとフィラデルフィアは、多大な恩恵を受けました。小麦の市場は際限のない広がりを見せ、膨大な需要を満たすために、製粉所がボルティモア中につくられました。製粉所の所有者は、倉庫や事務所を建造することにより、景気の急発展に貢献しました。広告産業もまた、さまざまな街の商人たちの激しい競争から利益を得ました。

　実際、ボルティモアを現在のような経済的に多様な都市へと変化させたのは小麦製粉業でした。とはいえ、今日のボルティモアの産業は、2世紀にわたる経済発展の表れなのです。

Q31　正解（D）

この文章のタイトルとして最も適しているのは次のどれですか。

(A) ボルティモアの造船業者
(B) アメリカにおける農業開発
(C) 18世紀、それはアメリカ産業界における歴史的瞬間
(D) ボルティモアという都市の発展

　解説　このパッセージは、ボルティモアを題材にとって、アメリカ都市の発展史を述べています。(A)や(B)の造船業者や農業開発についても触れていますが、主題としては適していません。(C)の18世紀については第3パラグラフで触れていますが、やはりその内容はボルティモアに関する話であって産業界全体についてではありません。文章の内容全体を広く捉えている(D)が正解となります。

Q32　正解（B）

この文章によると、タバコ栽培に関して次のうちどの土地の条件が必要でしたか。

(A) 温暖で霜が降りる
(B) 温暖で肥沃
(C) 広大で肥沃
(D) 小さくて霜が降りる

　解説　第1パラグラフの3文目で、warm and frost-free climate（温暖で霜の降りることのない気候）、along with its fertile（肥沃で）、suited tobacco farming perfectly（タバコ栽培には最適だった）と述べています。(A)と(D)は霜が降りることを条件に挙げているので不適切です。(C)はその前の文でabounded with small tobacco farms（多くの小規模なタバコ農場であふれ返っていた）と述べているので、

large（広い）は条件として不要だということになります。温暖で肥沃な土地と述べている(B)が正解です。このように、いくつかの条件が選択肢にある場合には、消去法を用いると解答を効率よく見つけることができます。

Q33　正解 （D）

12行目のobscureに最も近い意味を持つのは次のどれですか。

(A) 著名な
(B) 理にかなった
(C) 明白な
(D) 不明瞭な

解説 obscureは「不明瞭な、あいまいな」という意味なので、(D)のindistinct（不明瞭な、ぼんやりした）が最適となります。単語の意味がわからない場合は、Although〜, it would be ...（〜ではあるけども、…である）というセンテンスの構造に目を向けます。Althoughを含む副詞節でthe origins ... are fairly obscureと述べた後、主節で it would be reasonable to assume that ...（…と考えるのが妥当だろう）と述べています。つまり、副詞節は主節と対立した内容で、obscureはマイナスイメージの言葉なのだろうと推測できます。(A)のrenowned（著名な）や(B)のreasonable（理にかなった）、(C)のclear（明白な）は、すべてプラスのイメージを持つ言葉なので、消去法で(D)を選ぶことが可能です。

Q34　正解 （C）

14行目にあるItは何を指していますか。

(A) 大半の港湾都市
(B) ボルティモアの造船業
(C) ボルティモア・クリッパー
(D) 港

解説 (C)か(D)かで悩む問題だと思います。第2パラグラフは主にボルティモア・クリッパーについて述べています。前文のthat以下の主語がthe clipperとなっているので、(C)が正解です。(D)はこのパラグラフの3文目で ... the port itself. と造船所の所在地として述べられているだけなので不適切です。

Q35　正解 （D）

次の記述のうち18世紀のボルティモアの発展を最もよく表しているのはどれですか。

(A) 港湾都市の大半が快速帆船をつくった。

(B) 快速帆船により、タバコが他国に輸出された。

(C) 造船業はボルティモアの発展に寄与しただけだった。

(D) 小麦栽培がボルティモアの発展に寄与した。

解説 18世紀のボルティモアについては、第3パラグラフで述べられています。1文目でdue to the wheat growing（小麦の栽培によって）と述べています。18世紀には、小麦産業の発展がボルティモア全体の発展につながったことがわかります。第3パラグラフをしっかり読めば、容易に解ける問題です。

Q36　正解（B）

筆者が22～23行目でThe advertising industryについて述べている理由は、次のどれですか。

(A) 製粉業界で激しい競争が起こったことを説明するため

(B) 多くの産業が急成長したことを示唆するため

(C) 小麦製粉を宣伝することが重要であったと説明するため

(D) 広告業界が重要だったことを示唆するため

解説 The advertising industry also profited（広告業界もまた、利益を得た）がキーセンテンスとなります。同様に繁栄した、という内容から、小麦製粉業の繁栄と競争が多くの産業を発展させたことがわかると思います。気をつけてほしい選択肢は(C)です。小麦製粉の重要性を宣伝したとは述べられていませんので、選択できません。同様に(A)も述べられていません。(D)はalsoの意味を考えれば、まちがいだとわかります。広告産業は「繁栄した多様な経済全体の一部」として例示されているのです。

Q37　正解（D）

この文章では次のどれが暗示されていますか。

(A) ボルティモアが発展したのは18世紀からだった。

(B) 農民たちはタバコ栽培にくじけてしまった。

(C) ボルティモアの工場主たちは小麦市場を独占した。

(D) 小麦市場は飽和するはずがないように見えた。

解説 この問題には消去法を用いましょう。選択肢(D)のcould not be saturated（飽和するはずがない）には少し強いニュアンスがあるため、即座にこれが正解とは言いにくいのです。確かに第3パラグラフには、The market for the crop appeared infinite（小麦の市場は際限のない広がりを見せ）と書かれています。しか

し、念のために他の選択肢をすべて検討した上で正答を導くべきでしょう。他の選択肢が正答にならないことは、比較的簡単に確認できます。

Q38 正解 **(C)**

第3パラグラフの主な目的は何ですか。

(A) ボルティモア周辺で栽培される小麦への大きな需要を説明すること
(B) 小麦の配送網における倉庫と事務所の役割を説明すること
(C) ある農作物がどのようにして産業の拡大を引き起こしたかを説明すること
(D) ボルティモアの工場主の否定的な意見に反論すること

解説 Q36の設問と深い関係があります。選択肢(C)が、第3パラグラフの主題となります。Q36には迷わせる選択肢が含まれていました。Q36で悩んだ方は、比較的わかりやすいこの設問に答えた後にQ36に戻って、解答を見直すとよいかもしれません。

Q39 正解 **(B)**

この文章によると、タバコと小麦の両者に当てはまるのは、次のどれですか。

(A) どちらも1661年から栽培されていた。
(B) どちらもお金になる作物であった。
(C) どちらも多くの労働力を必要とした。
(D) どちらもペンシルベニア州でのみ、栽培された。

解説 消去法を用いましょう。まず、(C)と(D)から考えてみましょう。(C)では「多くの労働力を必要とした」となっています。確かに、労働力を必要としただろうと推測できますが、直接このことに触れられた箇所は見当たりません。(D)は、本文にメリーランド(州)の記述があることから「exclusively(独占的に)」とは言えません。それでは、(A)はどうでしょうか。1661年はイギリス人が植民した年だとパッセージの1文目に述べられています。しかし、「1661年から栽培された」とは書かれていません。(B)に関しては、タバコはlucrative crop(もうかる農作物)であると第1パラグラフ最終文に書かれています。第3パラグラフにはThis activity generated a huge amount of income(この活動は莫大な所得をもたらした)とあり、小麦生産も高収益であることがわかります。よって(B)が最適となります。

Q40 正解 **(B)**

筆者がこの次のパラグラフで述べると思われるのは次のどれですか。

(A) 19世紀のボルティモアの産業

(B) ボルティモアの今日の産業

(C) ボルティモアにおける広告産業の成長

(D) 経済的に多様であることの利益

解説 第4パラグラフの冒頭で、「ボルティモアを現在のような経済的に多様な都市へと変化させたのは、小麦製粉業だった」と述べています。しかしその内容は「2世紀にわたる経済発展の表れ」だと続けていることから、さらに続くパラグラフでは今日の産業を述べるだろうと考えることができます。

集中力をいかに保つかに専念してください。同時に、アメリカ史の一端に触れることのできるこのパッセージで、ボルティモアという都市の発展に関する背景知識を増やしましょう。同義語問題の難易度も中程度であり、文意をしっかりとらえれば解けると思います。

Q 41-50

対訳

　ダーウィンが1859年に異端の書である『種の起源』を著して、過去の人間が必ずしも現在の人間の形を取らなかったということを提示して以来、人々は過去の自分たちの姿について、あれこれ推測をめぐらせてきました。人類はサルの子孫であるというダーウィンの説は今では広く受け入れられていますし、それよりももっと仮説的な、人類の起源はアフリカであるという推測も同様に知られています。現在では、いつどのようにして、われわれが人類に進化を遂げたのかという点で、異なる意見が存在します。このミッシング・リンクは、1世紀近く、人類の進化に関する論争の中心となってきました。

　当初ミッシング・リンクが多数あったことを証明するものであると考えられていた古生物学上の発見の中には、1912年のピルトダウン人のように、まったくの偽物であることが判明したものもありました。さらには、ほかにもネアンデルタール人のように、厳密な分析が行われた結果、可能性はあったものの正式に退けられてしまったものや、ピテカントロプス・エレクトスのように、当時の先入観から綿密な分析が行われることもなく、この分野の指導的立場にいた権威から無視されてしまったものがいくつかありました。

　上記に述べた発見があったにもかかわらず、前世紀（20世紀）に行われたさまざまな発掘作業によって、多くの重要かつ意義深い化石や遺物も発見されました。それらは人類と類人猿との間にミッシング・リンクが存在したという証明に結びつくも

のでした。中でもおそらく最も重要なものは、1974年に発見された女性の全身の40％の骨格です。この発見は300万年前のものとされ、発見されたものはまちがいなく原人であり、現在の人間のように二足歩行する霊長類の動物でした。骨は左右対称であるため、科学者はその70％を復元することに成功し、発掘者がつけたルーシーという名前で呼ばれました。このような発見は、人類の起源に関する人々の想像をかき立て、科学としての古生物学が大いに必要とする資金を与えるのに役立ったのです。

　1986年には新たな発見があり、人類の進化が1本の線をたどってきたという説を覆しました。その時点までは人類の進化は一直線上に起こってきたものだという仮説が支配的でしたが、80年代半ばのさまざまな発見によって、人類は多数の枝を広げ、現代人は唯一の生き残りである木のような形を取って進化したことが証明されたのです。このことは、現実に存在する化石が裏づけしていたにもかかわらず、それまで役に立たないとされてきた多数の説を論理的に解明し、古生物学者は新たな理論体系を打ち立てることができたのです。

Q41　正解 （B）

この文章の主題は何ですか。

(A) ダーウィンの進化論
(B) 人類とサルの間のミッシング・リンク
(C) 20世紀の古生物学の発見
(D) 人類の進化の系統

解説　全体を貫いている話題は、第1パラグラフで定義された「ミッシング・リンク（＝失われた環：ある種の進化の過程における未発見の化石）」です。(A)と(C)は細部に関する話題なので消去できます。(D)のThe lineage of human evolutionはどうでしょうか。確かに、第4パラグラフでは、進化の系統について述べられています。しかし、これも第3パラグラフまでで述べていたミッシング・リンクに関する発見について提示された話題だと考えることができます。従って(B)が正解です。

Q42　正解 （D）

1行目のhereticalに最も近い意味を持つのは次のどれですか。

(A) 有名な
(B) 正統な
(C) 興味をそそられる
(D) 型破りの

解説 heretical（異端の）は、非常に難易度の高い単語です。そのうえ、選択肢にも文脈から意味を判断するのが難しい単語が並んでいますから、私としては時間を浪費せず、まちがえてもかまわないつもりで次の問題に進んでほしいと思います。(B)と(D)は反意語と捉えてよいでしょう。『種の起源』が当時としては先進的な著作であったことがhereticalや(D)のunconventional（型にはまらない、型破りの）の語句選択からわかります。なお、ITPで高スコアが必要な方や、今後TOEFL iBTを受験する方は、このレベルの単語を身につけておきましょう。

Q43 正解 (A)

この文章によると、6行目で述べられているミッシング・リンク論争は、どのくらいの間、重要でしたか。

(A) ほぼ1世紀
(B) 1859年から
(C) 1912年から
(D) 1世紀のうちのほんの一時期

解説 第1パラグラフの最終行で for the better part of a century. と述べています。the better part of 〜 は「〜の大部分、大半」という意味です。この意味を知っていれば(A)を選択できます。第2パラグラフには1912年のピルトダウン人のことが述べられていますので、論争はそれ以前からあったと考えるのが自然です。まちがえやすいのが(B)の（『種の起源』が発表された）1859年です。Q42に続き難易度の高い問題です。

Q44 正解 (D)

11行目のanalysisに最も近い意味を持つのは次のどれですか。

(A) 作り話
(B) 可能性
(C) 先入観
(D) 精査

解説 analysis（分析）に近い意味を持つのは(D)のscrutiny（精査）です。55点レベルの単語と考えてください。文脈からanalysisの意味はわかると思いますので、scrutinyを知っているかどうかにかかってきます。中難易度の単語ですから覚えておきましょう。

Q45 正解 (C)

この文章によると、9行目に記述されている the Piltdown Man というのは次のどれに該当しますか。

(A) ネアンデルタール人の完全な標本
(B) ダーウィンの人類の進化論の証明を手助けする（こと）
(C) 古生物学者たちには何の意味も持たないもの
(D) ピテカントロプス・エレクトスの標本

解説 10行目の hoaxes が「偽物」とわかれば、(C) の「古生物学者には何の意味も持たない」が選択できます。わからないときは消去法を用いましょう。(A) の「ネアンデルタール人の完全な標本」は、10行目の Still others, ... から他の標本であることがわかり、消去可能です。同様に (D) の「ピテカントロプス・エレクトスの標本」ではないことがわかります。ピルトダウン人は最もひどい偽物だったのですから (B) の「ダーウィンの人類の進化論の証明を手助けする」という選択肢も消去できます。hoax(es) という単語の難易度が高いため難問となっていますが、(A)、(B)、(D) を消去できる力を身につけてください。

Q46 正解 (A)

21行目の moniker に最も近い意味を持つのは次のどれですか？

(A) 名前
(B) 科学的な称号
(C) 分類
(D) 生き物

解説 moniker（名前、ニックネーム）を知っていれば、(A) の name を選択できます。難易度の高い問題が続いて皆さんの頭が混乱していると思います。冷静に考えれば、Lucy と同格であることがわかります。Lucy は一般的な「人の名前」です。単純に考えてください。Lucy という名前が (B) と (C) と同じと考えることはできないでしょう。また、Lucy = being と考えることは可能ですが、これは同義語選択問題ですから不適切です。

Q47 正解 (B)

21行目で述べられている Lucy という生物について、正しいものは次のどれですか。

(A) 雄の霊長類である。
(B) 二足歩行した。

(C) 人間というよりも類人猿である。

(D) 300万年前に発見された。

解説 第3パラグラフの2文目にa female skeleton in 1974（1974年に発見された女性の骨格）とあるので、(A) と (D) は誤りです。続く文では … was without doubt hominid, a bipedal primate（まちがいなく原人であり、二足歩行する霊長類の動物）と述べられています。ここから (C) を消去できます。消去法を使う練習には最適な問題です。なお、bipedal（二足歩行の）は、TOEFLでは重要単語ですので覚えておいてください。

Q 48　正解 （D）

27行目にあるitは何を指していますか。

(A) 発見

(B) 理論

(C) 推量

(D) 人間の進化

解説 代名詞は直前に出てきた名詞の代役です。it functioned more like a tree with numerous branches（多数の枝を広げる木のような形を取って機能した）という文に、それぞれの選択肢を当てはめて考えましょう。「さまざまな枝を持つ」ものは (D) のhuman evolution しかありません。

Q 49　正解 （A）

この文章によると、20世紀における発見は古生物学者たちが何をするのに役立ちましたか。

(A) 研究のための十分な資金を集める

(B) 一般的な想像力の重要性を示唆する

(C) 単一の系統の存在を証明する

(D) どのようにして化石化が起こったのかを理解する

解説 第3パラグラフの最終文でDiscoveries such as this help to … give much needed funding to the science of paleontology.（このような発見は……古生物学が大いに必要とする資金を与えるのに役立った）と述べています。needed funding（必要な資金）を与えたのですから (A) が正解です。(B) は引っかけの選択肢となりますが、同じ第3パラグラフの最終文fuel the public imagination about から「重要性を示唆した」のではなく「想像をかき立てた」ことがわかります。(C) は第4パラグラフからまちがいだとわかります。(D)については述べられていません。

Q50 　正解　(A)

筆者は次のどれを示唆していますか。

(A) トップレベルの古生物学者の何人かが、理不尽にも科学的証拠を退けた。
(B) ネアンデルタール人をヒト化の仲間であると証明することはできない。
(C) ルーシーの骨格の再現は不正確である。
(D) 人類の起源はアフリカよりも中国にある可能性が高い。

　　解説　　最後に再び難易度の高い問題がきました。(C)は、20〜21行目の scientists were able to reconstruct 70 percent of Lucy から、(D)は、4〜5行目の the origins of the human race are to be found in Africa から、それぞれまちがいだとわかります。(A)と(B)で迷うところです。(A)については12〜13行目の ..., been ignored by the leading authorities ... without sufficient scrutiny.（綿密な分析が行われることもなく、指導的立場にいた権威から無視された）から、正しいことがわかります。一方の(B)も第2パラグラフだけ読むと一見正しいように読めます。しかし、第4パラグラフの最終文で This explained many theories previously dismissed as unworkable, ... と書かれているように、「それまで役に立たないとされてきた多数の説が論理的に解明されている」とあり、文脈からその中にネアンデルタール人の説も含まれている可能性は十分ありえます。確実性の高い(A)を選び、(B)を消去しましょう。

難易度の高いパッセージに難易度の高い設問が続きました。特に最初の3問では無力感を味わったかもしれません。こんな難易度の高い文章と問題は解けない、と思わないでください。このレベルの文章は実際に出題されるので、決してあきらめず、こうした文章を読む力を身につけてください。

Chapter 5

効率よく学ぶためのストラテジー

セクション別学習法

模擬試験の結果はいかがでしたか。
ここでは、TOEFL ITP に効く
とっておきの学習法を紹介します。

リスニング・セクションの学習法

それでは、リスニング・セクションで高スコアを
取るための学習法を見ていきましょう。

▌受験者パターン別学習法

まず、受験者を次の3つのパターンに分けて考えてみます。

パターン1　一般的な日本人

　入学試験を受けて日本の高校・大学に入った人たちへの指針を示します。一般的な日本人にとって、リスニング・セクションは最も苦手とするところです。TOEFL対策で最後まで頭を痛めるのが、このリスニング・セクションでしょう。現在社会には英語があふれているというのに、なぜリスニングが苦手なのでしょうか。以下に理由を挙げてみます。

(1) 大学までの入学試験で、リスニングが重要視されなかった。
(2) 周りに英語のネイティブ・スピーカーがいないため、会話をする機会がない。
(3) 友達も皆、リスニングが苦手なので、特に問題視してこなかった。
(4) 外国映画は、字幕スーパーを読めばよいから、困らない。
(5) 授業で、練習して英語をきれいに発音したことがあるが、クラスメートに冷やかされたので、それ以来やっていない。

　さまざまな理由が考えられますが、TOEFLでスコアを上げるのに、リスニング力は不可欠です。それでは、リスニング力を伸ばすための学習法を紹介しましょう。

● 　学習のポイント1
● --
● 　**破裂音とリエゾン(連声)が続く音を聞き取る練習をする**
● --

　以前、私がTOEFLを受験したときに、かなり聞き取りづらい問題がありました。The landlord lifted the ban on pets.(大家さんは、ペット禁止の条件をやめた)という表現だったと記憶しています。カタカナ表記をすると「ザ、ランド、リフテッァ、ザ、バンノペッ」としか、聞き取れません。この状況を打破するには、Part Aの会話を聞き、スクリプトを読みながら発音をまねるのが一番です。さまざまな媒体の会

話文を暗記できるまでにまねれば、音声も自然に聞き取れるようになります。

```
● 学習のポイント2
● ----------------------------------------
● 日本語に訳さないように気をつける
● ----------------------------------------
```

　日本の入学試験は、英文和訳ができないと合格できません。このため、多くの人は、英語を日本語に訳す癖がついています。しかし、たとえ英語が聞き取れたとしても、その都度日本語に訳していては、次の発言に注意がいかなくなってしまいます。語彙力が豊富でも、これではリスニング・セクションのスコアは伸びません。ですから日本語に訳して考えるのはやめ、英語を英語のまま理解するようにしましょう。私が留学して気がついたことは「英語で覚えた授業内容は、英語で記憶される」ということです。留学中は、講義やディスカッションを日本語に翻訳している余裕はないのです。

パターン2　中・高・大一貫教育を受けた人

　私は、このパターンでした。中学時代はネイティブ・スピーカーの先生がつき、会話力やリスニング力を伸ばすカリキュラムが組まれていました。高校に入ると、授業は大学入試対応型に若干変化しました。そのときに「授業の英語」は、嫌いになりました。しかし、基礎力がついたおかげで、英会話の能力全体は向上しました。

　このパターンの受験者は、すべてのセクションでスコアはあまり高くないものの、リスニングのスコアは伸ばしやすい傾向にあります。受験を経験していないということは、英語を日本語に訳す癖もついていないので「日本語に翻訳しないように」と言えば、素直にそのまま聞き取るようになるのです。

```
● 学習のポイント3
● ----------------------------------------
● 語彙と背景知識を増やす
● ----------------------------------------
```

　パターン2の学習者は、リスニング力を伸ばしやすいのですが、語彙力不足のため、Part Aである程度得点できても、Part BやPart Cになるとスコアが上がらないことが問題です。同時に文法セクションとリーディング・セクションも、スコアが低い傾向にあります。この状況を打破するには、会話表現を含めた語彙と背景知識を増やすことです。そうすれば得点を伸ばせます。

　また、「必死に勉強すること」をあまり経験してこなかった点もマイナス要素です。すべてのセクションでスコアが低いということは、かなりの努力が必要だというこ

とを覚悟してください。まずは本書のPart Aの英文を繰り返し音読し、暗記しましょう。

パターン3　帰国生

　高いリスニング力が特徴です。しかし、それはPart Aの短い会話とPart Bの長い会話に限られる傾向が強いでしょう。Part Cのミニ・トーク問題では設問によってスコアのばらつきがかなりあります。とはいえ、帰国生でもリーディング・セクションに強い人は、最初から高スコアを狙うことができます。

● 学習のポイント4

● **プライドを捨てる**

　帰国生は高いリスニング能力を持っているのですが、ある意味で「プライド」が邪魔をするときがあります。「外国暮らしをしていたのだから、会話やリスニングはできて当たり前」という周囲の目を気にするのでしょうか。勉強もしないで受験して、さんざんなスコアを取って落ち込むことがあります。

　Part BやPart Cでは「ガの羽の紋様は他の動物から身を守るためにある」など、専門的な内容も出題されます。日常会話でこのような話はしないでしょう。まさに、リーディング・セクションで出題されるような内容を耳で聞くことになるのです。ですから、語彙力を増強してリーディング・セクションで高スコアを取れるようになれば、リスニングのスコアも上がってくるはずです。「帰国生はいいよね」という周りの声を無視してがむしゃらに勉強してください。

スコア別傾向と対策

　TOEFL ITPスコアのレベル別に傾向と対策を見ていきましょう。本書の模擬試験の換算スコアを参考に、該当のレベルを参照してください。

45点レベル

　全体が聞き取れていません。全体の内容を把握する力は、あまりないと考えてください。まず、Part A、B、Cのどのパートの正答率が高いかを確認しましょう。

　Part Aが低い人は、英会話教材や映画などが役に立つでしょう。リスニング力には、伸びしろがあります。おそらくPart BやCでは、ある程度の知識があるため、答えられているのでしょう。簡単なフレーズでかまいませんので、ふだんから英語を

話すように心がけてください。一番早いのは英語を話す友人をつくることです。

　Part BとPart Cが低い人は、リーディング・セクションのスコアも低いはずです。語彙力と背景知識を増やすためにもリーディング・セクションの学習に力を入れてください。解き終わったら、知らない単語を必ず単語帳やカードに書いて覚えてください。そして、必ず英文を発音するようにしましょう。

50点レベル

　Partにかかわらずある程度は正解できていますが、不得意な分野の内容がPart BやCで出題されたときには、スコアが低くなっている状況だと思います。50点まで得点できれば、後はあせらず丁寧に発音を繰り返すことにより、ある日突然聞き取れるようになります。

　リスニング力は階段状に上昇します。つまり、他のセクションのスコアが勉強量に比例して上昇するのに対し、リスニング・セクションのスコアは勉強量に比例しないのです。ある日突然聞き取れるようになりますので、前の試験と同じスコアしか取れない、とがっかりせずに地道に勉強してください。本書のスクリプトを暗記するほど徹底的に発音しましょう。

　他のセクションのスコアに問題がなければ、リスニングの勉強時間を増やしてください。2カ月後には聞き取れるようになっているはずです。50点前後の人は、55点まで伸びるでしょう。私が留学の勉強を始めた当初、ITPテストと同じ形式のペーパー試験で53点でしたが、半年後には66点にまで伸ばせました。よいテキストを用いて毎日2時間程度の勉強をすれば、スコアは必ず伸びます。

55点レベル

　このあたりで、足踏みをする人がたくさんいます。55点から57点になったと思ったら、次に53点ということがよくあります。ここで投げ出したら、今までの苦労が水の泡です。絶対に、それまでの勉強法を変えないでください。

　「市販教材のPart Aなんて選択肢まで覚えてしまったので、別の教材が欲しい」という問い合わせを多くいただきます。そのときに私は「毎日30分以上はスクリプトやリーディングのパッセージも発音してください」と返事を書いています。1日勉強しなかったら、この力を取り戻すのに3日かかると思ってください。まして、1週間勉強しなかったら、元に戻すまでに最低でも2週間は必要です。

　このレベルの人は、実力がまだ中途半端なので、勉強を集中して行うことです。よく「毎日の通勤・通学でリスニングの勉強をしている」と聞くのですが、集中力が高い状態ではないはずです。それは勉強のうちに入らないと思ってください。それだけでは、力が伸びるわけがありません。

　安定期のレベルです。調子が悪くても57点は取れるでしょう。運がよければ64点取れます。ここから先は、ネイティブの人たちと話すなどの実践的トレーニングをしていれば、リスニング力は自然に伸びるでしょう。他のセクションの勉強を優先しつつ、リスニング力を落とさないように気をつけてください。

　ただし、1つ気をつけなければならないことがあります。最初から高スコアを狙っている人は、1問まちがえると、前の問題のミスを引きずりがちです。そして、次の問題に集中できません。ふだんの練習問題を解くときから、目の前の問題に集中して、前の失敗を無視するようにしましょう。試験で100%の力が出せることはまれです。80%の力が出たら十分だと思ってください。ですから、ふだんの力を向上させることが重要なのです。

Think in English!（英語で考える！）

　私の主義は "Think in English!" です。私の塾の学生には常にこのことを実践するよう強く言い聞かせています。なぜこれが重要なのでしょうか。リスニング・セクションでは、英語を英語として理解する必要があるからです。

　それでは、リスニング・セクションにおける "Think in English!" の重要性を見てみましょう。リスニング・セクションでは、英文を日本語に訳すほどの時間的余裕はありません。

○例1

> M: Don't you think the professor is too demanding?
> F:　Why did you take the class, then?
> M: Well, I need it to get into the advanced human resource management.
> F:　You have to do your best.

Q: What does the woman mean?

　皆さんは、この会話を1文ずつ訳しますか。それとも、英語として受け止めますか。Part Aであっても、これだけ長い会話が出る可能性があるのです。日本語に訳す時間はありません。Part Bではどうでしょう。訳していたら試験時間が終わってしまいます。訳さずに概要をつかむのです。

　もうひとつ、慣用表現を含む例を見てみましょう。

○例2

M: I'm going on a job interview. I feel a little nervous.
F: I'll keep my fingers crossed for you.

女性のセリフにある I'll keep my fingers crossed for you.（うまくいくように祈っ
ているわ）という表現は、Good luck!（がんばって）と同じ意味です。「あなたのため
に指を十字に交差させておくわ」のように捉えてしまうと、何を話しているのかわか
らなくなります。

○訳：例1

男性：この教授は厳しすぎると思わない？
女性：だったらどうしてその授業を受けたの？
男性：実は、上級人材管理に進むにはこれが必要なんだ。
女性：最善を尽くさなくちゃね。

設問：女性の発言はどういう意味ですか？

○訳：例2

男性：就職の面接に行くんだ。ちょっと不安だな。
女性：あなたがうまくいくよう、祈っているわ。

● **学習のポイント5**
● **家の中でもできる英会話実践**

私は、"Think in English!" を実践するために、家の中で、つたないながら夫婦間で
会話をしていました。例えばこんな具合です。

私：Look! This flower is going to bloom soon.
妻：Maybe tomorrow night.
私：This 月下美人 is really beautiful.

こんな調子でよいのです。わからないところは日本語で済ませます。会話は、リ
ズムですから、途中で辞書を引かないことが大事です。そうでないと、つまらなく
て長続きしません。

ディクテーション学習法

聞き取った英文をノートに書きとめるディクテーション学習は、Part Aの攻略に有効な手法です。ただし、ディクテーション能力を身につけるにはある程度時間がかかります。個人差がありますが、半年間、毎日1時間集中してディクテーションを行うことで、45点前後のスコアが60点前後まで伸びる可能性があります。

むろん、ディクテーションを行うことにより細部まで聞き取ることにこだわってしまい、一時的にスコアが下がることがあります。最終的に高スコアを狙うことが必要な人は、それを覚悟でディクテーションを続けてください

```
● 学習のポイント6
●  ------------------------------------------------------------
●  スクリプトは見ずにすべて書き取る
●  ------------------------------------------------------------
```

手書きでかまいませんから、市販教材のリスニングの音声を書き取ってください。主にPart Aを使って練習しましょう。聞き取れない箇所は、10回でも20回でも聞き、意味のある文章を書きます。こうすると非常に細かいところまで聞けるようになります。例文を見てみましょう。

○例3

> M: That lecture was so boring. I think I may have gone to sleep for a while.
> F:　You certainly did. I think even the professor noticed.
> M: Oh, no! Do you really think so? I feel like a complete fool.

Q: How does the man feel?

55点前後の人が、男性の最初の発言を聞くと、

> The lecture was boring. I sin I me'ave gone't slip forefile.

のように聞こえるでしょう。聞き取りづらいのは、that、so、think、may have などの語句です。ネイティブ・スピーカーは、強調したい語句や内容上重要な語句をはっきり発音しますが、そうではないこれらの語句は聞こえづらくなります。

私がスピーカーならば、下線部分を強調して発音します。

> That <u>lecture</u> was so <u>boring</u>. I <u>think</u> I may have <u>gone</u> to sleep <u>for</u> a <u>while</u>.

　下線以外の語句も聞き取れるよう、スクリプトを見ずにディクテーションする訓練を重ねましょう。

○訳：例3

> 男性：あの講義は本当に退屈だった。しばらく居眠りしていたかもしれないな。
> 女性：まちがいなくしていたわ。教授ですら気づいていたと思う。
> 男性：ああ、どうしよう！　本当にそう思う？　完全な間抜けみたいな気分だ。

設問：男性はどう感じていますか？

● **学習のポイント7**
どうしても文意が取れない場合にはスクリプトを見る

　10回聞いて意味のある文章が書けないときは、スクリプトを見てください。そして、どの発音が聞き取れないか確認します。マーカーあるいは鉛筆でチェックしてください。そうすると、聞き取れない箇所がはっきりしてきます。

● **学習のポイント8**
必ず発音して確認する

　仕上げに、必ず自分の声で発音してください。イントネーションを完全にまねるのです。私は、留学前にテープに自分の声を何度も録音して、発音を比較しました。
　自分の発話スピードの1.5倍までならば、聞き取れる可能性が高くなります。小さいころから音楽を学び、絶対音感を持っている人は、おおよそ1.8倍まで聞き取ることが可能です。これは、音の強弱をはっきり聞き取れるためではないかと思います。
　毎日ディクテーションを練習すれば、半年後には必ず60点をコンスタントに取れるようになるでしょう。

● **学習のポイント9**
楽しみながらディクテーションをする

　ディクテーションの素材が、市販テキスト付属の音声ばかりだと飽きてしまうかもしれません。そういうときはDVDの映画ソフトを使いましょう。多くのDVDソ

フトでは、字幕なしや英文字幕表示を選択できますし、早送りや次の場面へのスキップも簡単にできます。こんな便利な機能を活用しない手はありません。これを使って、ディクテーションが実践できます。

　ただし勉強に用いるからといって、映画自体を楽しまないとおもしろくありません。ですから、興味が持てる映画を選びましょう。題材は何でもかまいませんが、アクション映画でなく比較的会話の長いものがよいと思います。また、一般的に発音がはっきりしているので、過去の名作などもよいでしょう。リスニング力を伸ばすために私がおすすめする映画は、次のような作品です。

『風と共に去りぬ』————— 南北戦争（the Civil War）前後のアメリカ南部の状況を描いています。

『エデンの東』————— アメリカの鉄道と農業の発展が少しわかります。

『逃亡者』————— ハリソン・フォードの映画はおおむね会話スピードが安定しているのでリスニング対策になります。

『ある愛の詩』————— 高校時代に見ました。ニューイングランド地方で勉強したいと思うきっかけとなった映画です。

『ハリー・ポッター』————— たくさんの有益な表現が出てきます。これらの表現はPart A対策に役立ちます。

　また、ドキュメンタリー映像で私が好きなのは、以下の番組です。

『Animal Planet』————— 野生動物の生態がよくわかります。TOEFLの生物トピック対策に役立ちます。

『National Geographic』- 各国紀行や古代生物の紹介、サイエンス、歴史検証など、多岐にわたるトピックは、TOEFLで扱うトピックに重なるところがあります。

『Discovery Channel』—— 上の2つと同様、TOEFL的な話題が含まれることがあります。

　好きな俳優の作品を見るのも気分転換によいでしょう。昔は通訳になった人たちの動機として「映画が好きだから」とか「音楽が好きだから」という理由が多かったと聞いています。洋画が好きな人のリスニング力は非常に高いです。

　皆さんは、すでにIT社会の中で暮らしており、私が留学の勉強を始めた時代とは異なります。「NHKワールドJAPAN」などのネット配信の英文ニュースやリスニング教材などを利用するのも有効でしょう。テクノロジーを有意義に活用してください。

文法セクションの学習法

続いて文法セクションの学習法です。
弱点を克服し、着実に得点へと結びつけましょう。

文法事項を再確認！

　大学受験で英語を勉強した方は、Chapter 7の「丸わかり英文法」(p.221〜)で各文法事項の見直しをしてください。

　文法セクションのスコアを伸ばすには、問題集や模試などを使って文法事項を再確認しておくことが必須になります。本書の模試の内容が完全に理解できる方は目標点を60点に設定しましょう。その場合のまちがいの数は5〜6問程度までです。

● 　学習のポイント10
●
● 　**弱点を見極める**
●

　模試を解いてまちがいが多かった方は、次の点を確認しましょう。

(1) 文法が弱いためにまちがえた。
(2) 文法はわかったのだが、文意がわからずにまちがえた。

　(1)の方は、本書の解法を確認後に、大学入試で使った文法書を見直しましょう。(2)の方は、語彙力を増やしてください。語彙力が低い場合には、文法以外にも、リスニング・セクションのPart Cやリーディング・セクションの得点も低いままになります。全体的な得点向上のためには、語彙力増強が必須です。

　大学受験をしていない方は、文法を新たに学ぶつもりで頑張りましょう。

☞　　試験の**直前対策**にも便利な「丸わかり英文法」はp.223　　☞

175

Section 3　Reading Comprehension

リーディング・セクションの学習法

最後にリーディング・セクションの学習法を紹介します。
語彙力のつけ方や速読の仕方など、ぜひ参考にしてください。

▌単語カードで語彙力強化

　先にも書いたように、TOEFLの学習には語彙力の増強が不可欠です。特にリーディング・セクションでは、大きな意味を持ちます。語彙力がない場合には、後述する速読ができませんので、スコアの伸びは一定のところで止まってしまいます。語彙力を着実に伸ばしてください。

●　**学習のポイント11**
●　
●　**出合った単語はその日に消化**

単語を覚えるには、

（1）ノートに今日出合った単語を書く
（2）その日のうちに見直す
（3）覚えられなかった単語は単語カードに記入

といったやり方が効果的です。pest（疫病）やmisconduct（職権乱用）など、日頃使わない単語も単語カードで3回ほど見直せば、記憶に残ります。
　また自宅での学習では、紙の辞書を使うことをおすすめします。例えばaccumulate（積み上げる）という語を調べた時に、accumulation（蓄積）、accumulative（累積的な）など、目的の語だけではなく、その周辺の語も自然に目に入ります。紙の辞書ならではのよさをぜひ活用してください。
　また、ノートに単語を書きとめる際には次の3つを常に実行しましょう。

（1）第1アクセントを書く
（2）発音しにくい単語は発音記号を書く
（3）関連する単語も書いておく

背景知識を豊かにする

　仮に語彙力が現在のままだとしても、背景知識を増やすことで、スコアがある程度伸びる可能性があります。

●　**学習のポイント12**
●
●　**雑多な英文を読む**
●

　リーディングの学習では、ふだんからさまざまなジャンルの英文を読むことが重要です。TOEFLは大学・大学院入学者の英語力と知識の範囲を問うテストですから、silt（沈泥）やornithologist（鳥類学者）などといった単語が出てもおかしくないのです。トピックに好き嫌いがあってはなりません。ここで皆さんにおすすめの雑誌やテレビ番組を紹介しましょう。

Scientific American —— 科学雑誌。ウェブサイトで申し込むと定期購読ができます。

National Geographic —— 自然科学雑誌。英語版も購読可能です。

Time や *Newsweek* —— いずれもメジャーなニュース雑誌です。

U.S. News & World Report の Collector's Edition
　　　　　　　　　　—— ニュース雑誌の特集号です。

英字新聞で興味のある記事 - Deforestation（森林破壊）など科学関係のトピックがよいでしょう。

Discovery Channel —— 世界紀行や野生動物の生態を放送しています。動画配信サービス、衛星放送、ケーブルテレビで視聴できます。

　これらの他に、書籍などもよいと思います。例えば、カール・セーガンの *Contact* という本には、pendulum（振り子）の前で話し合う場面があります。その話を塾の授業で扱った後に、Foucault Pendulum（フーコーの振り子）の話が本試験のリスニング・セクションで出題されたことがありました。*The X-Files* も科学的知識を習得するのに役立ちますが、autopsy report（解剖所見）など、気持ちの悪いシーンもありますので、ホラー系のものでも大丈夫だという方におすすめしておきます。

　展覧会に行くのもよいでしょう。「世界の大昆虫博」では、昆虫の分布やcamouflage（擬態）の説明がTOEFLの学習に役立つと感じました。「世界の文化遺産」の写真展示会では、世界五大文明の説明もありました。

　また、私はパリのピカソ美術館を訪れるまではabstract（抽象画）には拒否反応がありました。しかし、ピカソの精巧なデッサンを見て、これはすごい技術だと、一

面的な考えを改めました。最近では、以前は出題範囲外だった南北アメリカ以外の文化・文明に関するパッセージも出されるので、このように博物館、美術館や展覧会を訪れることは有益です。

TOEFL ITPや留学試験の勉強ばかりしていると、どうしても視野が狭くなります。そのすき間から出題されることもあるでしょう。試験のための勉強と考えるとつらいかもしれませんが、人生を豊かにする知識の習得と考えると気が楽になるはずです。人生を豊かにすることがTOEFLでも高スコアにつながる可能性が高いのです。

▎速読力を磨く

速読には、パラグラフごとに文意を把握するパラグラフ・リーディングがおすすめです。TOEFL ITPの試験用紙に印字されている文字は、比較的小さいですが、集中力を切らさないことが肝心です。速読は適度なスピードを保って行うとよいでしょう。

この方法を使ってパッセージ全体を読むには、次の方法があります。

(1) パラグラフ・リーディングを使い、3〜4分で大意だけを取る方法
(2) パラグラフ・リーディングの後に全体を見直し、全文のおおよその文意を把握する方法(こちらは約6分で終わらせる)

皆さんには、(1)の方法をおすすめします。理由は、設問を順に解いていけば、1パッセージ当たり10問程度ある設問のうち、おおよそ3番目から4番目の設問を解くころには、全体の文意が把握できることが多いからです。

この方法を行うには、速読が重要となります。速読を行うことは受験テクニックのみならず、TOEFL iBTの際や、研究論文を読むなどの留学後のサバイバル・テクニックとしても重要だと思います。後に、問題文全体の意味をつかむための速読と個々の設問を解くためのスキミングを紹介しましょう。

● **学習のポイント13**
●
● ## メトロノームで速読力をつける
●

問題文の文意をつかむための速読法は、1日20分、2週間程度の練習で身につけることができます。用意するものは、メトロノームなどのテンポを計るものと、1回解いた問題、あるいは読んだことのある本のパッセージです。メトロノームはけっこう高価ですから、持っていない人はピアノを習っている人などから借りてください。または、パソコンなどのフリーソフトで代用することもできます。まず、メトロノ

ームの速さを100に合わせます。冠詞を除いた単語を眼球だけ動かして、メトロノームの速さに合わせて追っていきます。次に、同じパッセージでかまいませんので、120の速さで読みます。最後は150の速さで読みます。ここまでで1分間に150語を読む力を身につけたことになります。

　今度は、チャンク方式を取り入れます。意味のあるフレーズを1単位として読む方法です。次の文章を見てみましょう。

Although/ the United States/ saw/ a rapid increase/ in cultivated acreage,/ it was/ the country's/ large-scale/ industrialization/ that led to/ its becoming/ a consumer society.

　斜線から次の斜線までの間をひとつの単位として一読してしまうのです。そうすると、おおむね1回で1.5語読めることになります。速さ100で読むと1分間に150語を読めるようになります。そして、速さを徐々に上げて150まで増やしてください。1分間で約250語を読めるようになります。

　繰り返しますが、重要なのは、顔は動かさずに眼球だけで字を追うことです。この方法に慣れれば、意味が一読して取れなかったセンテンスを短時間で何度か読むことが可能です。どんなパッセージにも、簡単な文章と難解な文章が織り交ぜられています。難解な文章は、2、3度繰り返して読みます。

　なお、文法セクションではありませんので、冠詞やbe動詞などは読み飛ばしてもかまいません。読解にはさほど影響は出ないと思います。

▐ スキミング術を体得する

　スキミングは、あくまでも、単語、あるいは短いフレーズのみを探す方法です。文意を取る必要はありません。「このパッセージの中のある事柄について、以下のうちどれが正しいか」という設問があったとします。すべての選択肢にそれらしいことが書かれているはずです。そこで、それぞれの正誤をパッセージから探して判断しなければなりません。そのときに、選択肢と近い単語を含んでいるセンテンスを探すためにスキミングを行います。関係するセンテンスが見つかったときに、そのセンテンスを精読することにより正誤判定をします。

● **学習のポイント14**
●
● ## まずスキミング、そして精読、を体得する
●

有名大学に入学するアメリカの高校生は、学校で速読の訓練を受けているそうです。大学進学には SAT が必要となる場合があります。このテストのリーディング・セクションは、1分間に500語の速読能力がないと読み切れません。私は、大学院留学時に GMAT を受験しましたが、その経験からいうと、TOEFL に必要な速読能力をメトロノームの速度100とした場合、SAT、GMAT、GRE などの試験には200程度必要でしょう。目薬を差しながら、速読能力を高めていったのを覚えています。速読の練習は目に負担をかけますから、根を詰めすぎないよう徐々に高めていってください。

時間制限の圧迫感に打ち勝つ練習

55分の時間制限のところを50分から53分程度で解き、少なくとも2分余らせる訓練をしてください。皆さんの速読能力が高まり、1パッセージにつき10分で終わらせられるようになれば、見直しに5分取れます。

> ● 学習のポイント15
> ●
> ● **練習だからこそ制限時間を厳守**
> ●

時間に対する執着心が潜在能力を引き出します。リーディング・セクションでは、語彙力のある方でも60点が1つの壁となり、ここでいったん足踏みします。そこからさらに伸びるには、「時間制限の壁」に打ち勝つことが重要です。

繰り返しますが、ふだんから練習問題を解く際には、時間を計り、余裕を持って解き終えるようにしましょう。練習だからといって、だらだらと時間をかけて解いては効果がありません。また、リーディング対策の素材に取り組む際にも、漫然と読むのではなく、時間を決めて読むようにすることが大切です。

" 私のTOEFLテストの勉強履歴 "

　私は大学受験をしていません。慶應には中学から入ったため、大学受験がなかったのです。文法力・語彙力、共に低かったと思います。留学を決意したのは30歳を超えてからのこと。英語から離れていましたので、TOEFLの受験は厳しかったです。リスニングとリーディングの問題形式は少し異なりますが、当時のTOEFLはITPを受験する皆さんと同じペーパー試験でした（2006年からインターネット試験に切り替え）。記憶をたどると、TOEFLの勉強を始めたのは1987年5月ごろで、最初のスコアは530点ぐらいでした。以下のスコアは、勉強を始めてから6カ月後のスコアです。

○1987年11月受験の私のスコア

Section 1 リスニング	Section 2 文法	Section 3 リーディング	合計
66	61	64	637

　リスニングは高いものの、日本人としては珍しく文法が1番低いという結果でした。当時私が行った勉強法を振り返ってみます。

● Section 1（リスニング）
　ディクテーションを徹底的に行いました。ディクテーションの仕方は大学時代に通った英会話学校で学びました。カセットテープがすり切れるまで（実際に数回切れました）、そして、完全にディクテーションができるまで何度も繰り返して聞きました。その結果、短い会話は、すべて聞き取れるようになりました。ディクテーションをした後はスクリプトと照合して、必ず発音します。よどみなく発音できるまで続けました。

● Section 2（文法）
　TOEFLの勉強を始めたときには、「倒置って何？」程度の知識しかありませんでした。今は絶版になっている花本金吾先生執筆の『TOEFLの英文法』を、少なくとも5回は読み返しました。そして、そのテキストの問題を10回は解いたでしょう。勉強を始めて半年後に、ようやく60点を超える得点が取れたのです。

● Section 3（リーディング）

　リーディングに関しては、語彙の増強を徹底して行いました。それというのも、TOEFLより先に、まちがえてビジネススクール用のGMATという試験を1987年の6月に受けてしまったからです。この試験はネイティブの方も受ける試験で、バーバル・セクションという英語版の国語のような試験があります。スコアは惨たんたるもので、私よりもバーバル・セクションの得点が低い人が9%という結果でした。パッセージが全く理解できず、語彙力が高くないと無理だと悟りました。このGMATでも高得点を取る必要があったため、出合った知らない単語はすべて書き出して単語カードにして覚えました。私が書き出した単語を妻がせっせと辞書で引いて意味を書いてくれました。100個つづりの単語カードをティッシュペーパーの空き箱に詰めて、覚えたものと、覚えるものに区分けしました。多いときは、一日400個の単語を覚えました。実際には25時間かかりました。非常につらかったです。

　「この単語の意味を覚える必要があるの？」と、あるとき妻が私に聞きました。

> dock：（タデ科の植物）ギシギシ類、スカンポ

　日本語でも意味がわからなかったので、2人で笑い転げたのを思い出します。

イェール大学の卒業式。家族とともに

　こうした努力の末、GMATでも、10月にバーバル・セクションで私の得点以下の人が59%という結果になりました。翌月の11月に受験したTOEFLでも64点でした。そして、TOEFLの受験を終了しました。

　勉強を始めて7カ月後の12月にイェール大学のビジネススクールに出願して、翌年の1988年1月に合格通知を受け取りました。

　皆さんには、ぜひとも若いうちに留学をしていただきたいと思います。留学のチャンスは、めったにありません。私みたいに年齢を重ねてからの留学は、自分だけでなく周りにも多くの負担をかけます。チャンスをものにするために、つらいでしょうが、頑張ってTOEFLの勉強をしていただきたいです。

Chapter 6

\ より確実にスコアを伸ばすための /

ITP攻略法30

ここからは、TOEFL ITPの得点
アップに結びつく攻略方法を
セクションごとに見ていきます。

リスニング・セクションの攻略法

最初にリスニング・セクションの攻略法です。
各パートを解くカギをしっかり頭に入れましょう。

攻略法1
マークシートの該当箇所をしっかり確認

マークシート方式ですので、まちがった箇所にマークしないよう気をつけましょう。他のセクションでは比較的すぐに気づきますが、リスニング・セクションでは気づくのが遅れがちです。そして、気づいたときには「どの選択肢かわからない」状況に陥ります。

また、1問の解答時間は約13秒ですので、時間をかけて選択肢を選ぶ余裕はありません。難しい問題のときには、思い切ってマークを入れ、次に進んでください。続く設問に影響を及ぼさないことが大事です。

攻略法2
サンプル問題で小さな文字に目を慣らす

リスニング・セクションは、TOEFL ITPの最初のセクションです。試験用紙の裏の「マークの仕方」に目を通すことはできますが、サンプル問題が始まるまで実際の選択肢を読む機会はありません。そして、選択肢は思ったより小さな字なのです。8秒以内に4つの選択肢を読む訓練をしてください。マーキングには2秒かかりますから、次の設問に移る時間は残り2〜3秒程度しかありません。

サンプル問題だから「何もしなくてもよい」とは思わずに、サンプル問題が流れているときにその選択肢を読む訓練をしてください。それによって、目の動きが活発になります。特にリスニングは他のセクションとは異なり、時間がきたら強制的に次の設問へ移ります。難易度が高い問題でも「時間をじっくりかけて解く」ことができないのです。

攻略法3

Part A：キーフレーズをしっかりキャッチ

Part Aの問題を大きく3つのタイプに分け、具体例を用いて解法テクニックを見ていきましょう。なお、一般的にTOEFL ITPでは［男性→女性］あるいは［女性→男性］の1往復の会話ですが、本書の模擬試験には、皆さんのリスニング力と集中力の向上のために［男性→女性→男性→女性］のように最長2往復の会話も入れています。

タイプ1 「会話の場所」を聞く問題

この種の会話は、比較的楽に答えられます。会話の中に何カ所かキーフレーズが入っているからです。それでは、比較的難易度の高い問題例を見てみましょう。下線部がキーフレーズとなります。

○問題例

> M: I reserved a book last week. Has it been brought back yet?
>
> F: Let me see your reservation slip. Oh, I remember sending the overdue notice on that one yesterday.
>
> M: You know, this is a course book. I'm surprised that you don't have more than one copy.

Q: Where does this conversation probably take place?

(A) In a bookstore

(B) In a library

(C) In an admissions office

(D) At a photocopier

［正解：B］

まず、本に関係する語句（book、reservation slip、overdue noticeなど）が会話冒頭から登場します。この段階で、(A)の書店か(B)の図書館のいずれかに絞り込めます。最初から集中力が必要な問題です。

男性（＝M）は、最初の発言でHas it been brought back yet?（本は返却されていますか）と聞いています。ここが聞き取れると図書館だとわかります。聞き逃した場合は、女性（＝F）の最初の発言にあるLet me see your reservation slip.（予約票を見せてください）がヒントになります。書店ならばorder slip（form）になるからです。

しかし、ここで答えを決めるのは危険です。2文目のOh, I remember sending the overdue notice on that one yesterday.（ああ、それについては、昨日延滞通知を送ったのを覚えているわ）をさらなるヒントにしましょう。書店ではoverdue（期日を過ぎた）という単語を使いません。これらの語句から、図書館での会話だということがわかります。brought back yetやthe overdue noticeなどのキーフレーズが聞き取れれば、答えられる問題です。「会話の場所」を問われたら、キーフレーズを絶対に聞き逃さないことが肝心です。

○訳
男性：先週本を予約したんです。本はもう返却されましたか。
女性：予約票を見せてください。ああ、それについては昨日延滞通知を送ったのを覚えてるわ。
男性：ねえ、君、これは教科書なんだ。一冊しか蔵書がないなんて、驚きだね。

設問：この会話はおそらくどこでされていますか。
　(A) 書店で
　(B) 図書館で
　(C) 入学事務局で
　(D) コピー機のところで

攻略法4
Part A：余分な情報は切り捨てる

タイプ2　「行動予測」の問題

　行動予測の問題は、素直に会話の中から聞き取るものと、会話の逆転があるものに分かれます。会話の逆転とは、例えば賛成しているように聞こえる内容が、実際は反対しているといった内容です。このような会話の逆転があるときには、会話の後ろで述べられている内容に正解が含まれる場合が多いのです。それでは、素直な問題と会話の逆転がある問題を見てみましょう。

（1）素直な問題

○問題例

> F: Hi, James. What happened to your roommate ... Tim?

M: He transferred to the state university. I miss him — he was really nice. Now, I need to find another roommate.

F: You can use the bulletin board at the student housing office.

M: Good idea. I'll stop there on my way to class.

Q: What will the man probably do next?

(A) Transfer to the state university

(B) Try not to miss his class

(C) Go to the housing office

(D) Write a letter to Tim

［正解：C］

　この会話において、会話の逆転はありません。素直な問題ですが、Tim という元ルームメートに関する余分な情報が入っているので、引っかけ問題と考えてよいでしょう。キーセンテンスをつなげてみると、男性の次の行動がわかります。

(1) I need to find another roommate.

(2) You can use the bulletin board at the student housing office.

(3) I'll stop there on my way to class.

　男性は新しいルームメートを探すために、学生用の housing office の掲示板に「ルームメート募集」の紙を張るのです。選択肢は比較的簡単です。この種の問題では、他の余分な情報に惑わされないようにすることが大事なテクニックといえるでしょう。

○訳

女性：ハイ、ジェームズ。ルームメートの……ティムはどうしたの？

男性：州立大学に編入したんだ。さみしいよ、とてもいいやつだったからね。さてと、別のルームメートを探さなくちゃいけないな。

女性：学生ハウジングオフィスの掲示板が使えるわよ。

男性：そいつはいい考えだ。授業に行く途中、寄ってみるよ。

設問：この男性はおそらく次に何をしますか。

(A) 州立大学に編入する

(B) 授業を逃さないようにする

(C) ハウジングオフィスに行く

(D) ティムに手紙を書く

(2) 会話の逆転がある問題

○問題例

> F: This is the room. It has all the basic furniture and a small bathroom area.
> M: <u>Sounds great!</u> What about cooking and cleaning facilities?
> F: There's a shared kitchen downstairs. You'll be sharing with five other students.
> M: <u>It's nice.</u> Well, I'll <u>shop around a little</u> first.

Q: What will the man probably do next?
   (A) Move in to the room
   (B) Look at some other rooms
   (C) Go shopping
   (D) Meet with his roommates

［正解：B］

　この会話には、会話の逆転を伴う余分な情報が入っています。波線で示した男性のSounds great! やIt's nice. などは余分な情報です。ここだけしか聞き取れないと、男性がよい部屋だと思っていると考え、(A) を選択してしまいます。正解は、キーフレーズのshop around a little（もう少し他のものも見る）から、(B) となります。

○訳
女性：これがその部屋です。基本的な家具はすべてそろってるし、小さな洗面所もありますよ。
男性：いいじゃないか！　料理と洗濯設備はどこにあるんだろう。
女性：共有のキッチンは下の階にあります。他の5人の学生とシェアすることになりますね。
男性：いいね。ふむ、まずは他の物件を見て回るとするか。

設問：男性はおそらく次に何をしますか。
   (A) その部屋に引っ越す
   (B) 他の部屋も見てみる
   (C) 買い物に行く
   (D) ルームメートに会う

more »»

次のような言葉が入ったときには注意。会話の逆転が生じる可能性があります。

well, ...	態度を決めかねるとき
but, ...	拒絶や前文否定のとき
however, ...	拒絶や前文否定のとき
not really	同意していないとき
sorry, but ...	ある程度感謝しているが同意しないとき

攻略法5
Part A：問題文の"言い換え"を探す

タイプ3 「推測(infer)」の問題

「推測」とはいえ、述べられている事柄に近い選択肢を選ぶ問題です。大事なことは、選択肢をよく読むことです。例を見てみましょう。

(1) 平均的な問題

○問題例

M: I can't believe you've read all that material in three weeks.
F: Why not? I skip all the superfluous stuff.

Q: What does the woman imply ?
(または、What can be inferred from the conversation?)
 (A) She has always been a fast reader.
 (B) It has taken her longer than three weeks to read the material.
 (C) She hasn't read all of the material.
 (D) She took lessons in speed reading.

[正解：C]

推測問題はほとんどの場合、事実の言い換えが解答になります。ここでは聞き取りのポイントが2つあります。skip(飛ばす、拾い読みをする)とsuperfluous(不必要な、余分の)です。いずれかがわかれば、(C)の「資料のすべてを読んでいない」を

選択できます。

○訳
男性：3週間で全部の資料を読んだなんて信じられないよ！
女性：どうして？　余分な部分はすべて飛ばしたもの。

設問：女性は何をほのめかしていますか。
（この会話からどんなことが推測できますか）
　(A) 彼女はこれまでも常に読むのが早かった。
　(B) 彼女はその資料を読むのに3週間以上かかった。
　(C) 彼女は資料のすべてを読んでいない。
　(D) 彼女は速読のレッスンを受けた。

　しかし、難易度の高い問題では、会話から推測する能力を試されることがあります。次の例を見てみましょう。

(2) 難しめの問題

○問題例

> M: I'm so tired of riding on packed trains. It's tough work just to get to class.
> F: I agree. But what would happen if everyone drove? No one would be able
> to breathe the air in the city.

Q: What does the woman imply?
　(A) She cannot breathe in crowded trains.
　(B) The man should not take crowded trains.
　(C) Everyone owns a car.
　(D) Automobiles cause air pollution.

［正解：D］

　この会話では、推測が必要になります。キーセンテンスは女性の発言にある No
one would be able to breathe the air in the city.（〈みんなが車を運転したら〉この
町で息ができなくなる）です。つまり、(D)の「車は大気汚染を引き起こす」が正解と
なります。集中力を最後まで保ってキーセンテンスを聞き逃さないようにしましょ
う。そして、選択肢をよく読んで推測してください。

○訳

男性：ぎゅう詰めの電車に乗るのはもううんざりだ。授業に行くだけなのに、ひと
　　　仕事じゃないか。

女性：同意するわ。でも、みんなが車を運転したらどうなるかしら。誰もこの町で
　　　息ができなくなるわ。

設問：女性は何をほのめかしていますか。
　(A) 彼女は混んだ電車の中で息ができない。
　(B) 男性は混んだ電車に乗るべきではない。
　(C) 皆、車を持っている。
　(D) 車は大気汚染を引き起こす。

攻略法6
Part A：難易度が変化する場所に留意

Part Aでは難易度が変化する場所があります。

(1) 11問目前後でそれまでの問題よりも一段階難しくなります。トータルで50点
　　を目指すには、ここを頑張ってください。
(2) 20問目前後からさらに難しくなります。55点レベルの実力が必要となる問題
　　が出題されます。
(3) 27問目前後から誤答を誘うような問題が入ります。60点レベルの方でないと
　　答えられないような難問となります。

　このように難易度が変化する場所がありますが、考え込んでしまって次の設問に
影響を及ぼし、1問だけでなく多くの問題でミスしてしまった受験者を見てきていま
す。難易度の高い問題に当たったときでも、冷静な気持ちを持って次の設問を聞き
逃さないよう訓練を重ねましょう。

攻略法7
Part A：設問文に注意を払う

　TOEFL ITPのリスニングでは、選択肢も重要ですが、設問文にも十分な注意を払
ってください。最も難しいタイプの設問は、What had the woman assumed about
the man?（女性は、男性のことをどのように思っていたのですか）などです。例を見

191

てみましょう。

○問題例

> F: I heard you're on the dean's list.
> M: You must be kidding! Who told you that? I barely passed my finals.

Q: What had the woman assumed about the man?
  (A) He was called to the dean's office.
  (B) He was joking with the woman.
  (C) He received very good grades.
  (D) He did not study enough.

［正解：C］

　ここで大事なのは、女性の会話の最初のひと言です。be on the dean's list（成績優秀者のリストに載っている）がわからなくても、男性のI barely passed my finals.（期末試験だってやっとのことで通った）から、学業について述べていることが推測可能だと思います。
　最も重要なのが質問です。会話の前に「女性は男性についてどう思っていたか」を見落とすと、会話の流れから(D)を選ぶ可能性が高くなってしまいます。

○訳
女性：あなた、成績優秀者のリストに載っているんですってね。
男性：冗談だろう！　誰が君にそんなこと言ったんだい？　期末試験だってやっとのことで通ったんだぜ。

設問：女性は男性のことをどのように思っていたのですか。
  (A) 彼は学部長のオフィスに呼ばれた。
  (B) 彼は女性に冗談を言っていた。
  (C) 彼はとてもよい成績を収めた。
  (D) 彼は十分に勉強しなかった。

攻略法8
Part B ／ Part C：“詳しい説明”を集中して聞き取る

　Part B と Part C では、長い会話とトークをとにかく冷静に聞き続けます。会話や

トークを聞いている最中に、絶対に、「長い、難しい」と思わないことです。そう思っただけで、集中力が途切れるからです。そして、大事なヒントを聞き逃します。

会話やトークが一瞬途切れたときでも、その後で Well, you all understand the mechanism of ...（さて、皆さん～のメカニズムを理解したことと思いますが）などと続く場合があります。「まだ続くのか」と思わないようにしましょう。集中力を持続しなければなりません。仮に難解な話題や語句が出たとしても、どこかで必ず詳しい説明が入ります。集中力を保って、これを聞き逃さないようにしましょう。

Part B の長い会話（Longer Conversation）の問題例を見てみましょう。

○問題例

Narrator: Listen to a conversation between two students talking about a biology class.

M: We have learned how parasites take nutrients from their hosts. But I cannot remember exactly what parasites are. Would you please give me a clear definition of parasites?

F: Well, uh ... parasites are living things which cannot make their own nutrition. What I mean in the case of plant parasites is that they cannot photosynthesize from carbon dioxide and water. Therefore, they cannot make carbohydrates. They have to rely on their host plants for nutrients.

M: Thanks, now I remember it. I think Professor Johns said about some parasites that can actually photosynthesize by themselves. Didn't he say about mistletoe?

F: Kissing under the mistletoe!

M: Ha-ha, yeah, but mistletoe has leaves, and it can photosynthesize and produce carbohydrates. All it needs is water.

F: Yeah. The plants even flower and bear white berries. It is categorized as a parasite because it depends partially on its hosts, such as maple and elm trees.

M: I'm getting to remember everything. Professor Johns talked about some subspecies of mistletoe that do not have leaves and are dangerous to their host trees. Their roots penetrate deeply into their hosts, and the plants don't photosynthesize or flower. They absorb all their nutrients from their hosts — often pine trees — and severely damage them.

193

この会話には、carbohydrates、nutrients、mistletoe、hosts など、いくつかの語句が繰り返し述べられ、以下の重要な点については、ていねいな解説が入っています。

　（1）parasites（寄生動植物）という言葉とその定義
　（2）photosynthesis（光合成）の仕組み

　この中で、（1）のparasitesの定義は重要です。これを機会にこの単語の意味を覚えてください。

○訳
ナレーター：2人の学生が生物学の授業に関して会話しているのを聞いてください。

男性：僕たちは、寄生動植物が宿主からどのように養分を摂取するか勉強してきたよね。でも、寄生動植物とは何かを正確に思い出せないんだ。寄生動植物の明確な定義を教えてくれないかい。

女性：えっと、そうね。寄生動植物とは、自分自身で養分をつくれない生物なの。寄生植物の場合には、二酸化炭素と水から光合成を行わないわ。だから、炭水化物をつくることができず、宿主の植物の養分に依存しなくてはならないのよ。

男性：ありがとう。思い出せたよ。ジョーンズ教授は、光合成をそれ自身で行える寄生植物の話をしていたね。教授は、ヤドリギのことを言っていなかった？

女性：ヤドリギの下のキス（ヤドリギの下にいる少女にはキスをしてもよいという風習のこと）！

男性：ハハハ、うん、でもヤドリギには葉があるから、光合成を行えるし、炭水化物をつくることができるよね。必要なものは水だけだ。

女性：そうよ。花も咲くし、白い実もつけるの。カエデやニレなどの宿主に部分的に依存しているから、寄生植物に分類されているわ。

男性：すべてを思い出してきたよ。ジョーンズ教授は、葉がなくて、宿主の木にとって危険なヤドリギの亜種の話をしていたんだ。根は宿主に深く入り込み、光合成を行わず、花も咲かない。必要な養分を宿主からすべて奪い取る。そして、松などの宿主の木に深刻な被害を与えるんだ。

攻略法9

Part B ／ C：設問をしっかり理解し、選択肢をよく読む

　それではこの生物学の授業に関する会話を基にした設問を見ていきましょう。設問をしっかり理解し、選択肢をよく読むことが重要です。何を聞いているのかを把握し、選択肢の文意を短時間でしっかりと理解してください。

○設問例1（p.193の会話に関する質問／以下同）

Q: What is the main purpose of the conversation?

  (A) To give some examples of flowering trees.

  (B) To describe plants which take their nutrients from other plants.

  (C) To describe a wide variety of plants.

  (D) To illustrate how photosynthesis takes place.

［正解：B］

　選択肢をよく読みましょう。「会話の主な目的は何か」と聞いています。会話のテーマを問う、比較的わかりやすい質問です。正解は、(B)の「他の植物から栄養素を取る植物について説明すること」で、これは寄生植物について言い換えた選択肢です。設問自体は難しくないのですが、選択肢をよく読む必要があります。

○訳

設問：この会話の主な目的は何ですか。

  (A) 開花植物の例を挙げること。

  (B) 他の植物から栄養素を取る植物について説明すること。

  (C) いろいろな種類の植物について説明すること。

  (D) 光合成がどのようにして起こるかを説明すること。

攻略法10

Part B ／ C：直接選択法と消去法を使いこなす

　選択肢の選び方にはいくつかのやり方があります。次の設問例を見てください。

○設問例2

Q: What can be inferred from the conversation?

(A) Leafless mistletoe can be used as a water supply.

(B) Mistletoe does not flower.

(C) Only leafless mistletoe will parasitize hosts.

(D) Some types of mistletoe photosynthesize on their own.

[正解：D]

　この場合は、直接選択法と消去法を組み合わせます。(A)の選択肢は容易に消せると思います。parasitize(寄生する)の意味から、(C)の選択肢を消去することはできるのですが、寄生植物に関する女性の最初の定義づけがあるために悩んでしまいます。そこで、直接選択法に切り替えます。

　男性が3番目の発言で it (= mistletoe) can photosynthesize and produce carbohydrates. と言っています。このことから(D)が選択できます。そして、続く女性の発言に、It is categorized as a parasite because it depends partially on its hosts, ... があるので、部分的な宿主への依存をしている(葉のある)ヤドリギも寄生植物と考えることができ、(C)を消去できます。

　また、女性の3つ目の発言中にある The plants even flower and bear white berries. の flower あるいは berries が聞き取れれば、(B)を消去できます。消去法と直接選択法の組み合わせにより、解答の精度が高くなります。

○訳
設問：この会話から何が推測できますか。
　(A) 葉のないヤドリギは、水の供給源となりうる。
　(B) ヤドリギは花をつけない。
　(C) 葉のないヤドリギだけが宿主に寄生する。
　(D) ある種のヤドリギは自分で光合成を行う。

　スクリプトを見ながら設問に当たると、比較的簡単だったでしょう。会話に登場するmistletoe(ヤドリギ)という単語は、ふつう知らないと思います。リスニングで知らない単語が出てくると思わず尻込みします。しかし、固有名詞に関しては、それが選択肢に影響を与える場合には、何度か出てくる可能性があります。集中力を保って聞くことが重要です。

　解答してマークする時間は1問につきたったの13秒前後です。先ほど説明したように、直接選択法と消去法を瞬時に行わなければなりません。日頃の訓練が重要です。また、テクニックだけで得点するのは好きではないのですが、会話やトークなどで使われた単語が含まれる選択肢を選ぶと、正答率が高くなります。

攻略法11

Part B／C：選択肢を先読みする

Part Bは、通常、男女の会話です。Longer Conversationと呼ばれているパートですが、長いものもありますし、短いものもあります。各問題の最初に、「設問は○番から○番まで」というナレーションが入ります。

Part Cは、ミニ・トークです。開いているページに関しては、選択肢を先読みできます。

Part BやCでは、各設問の前にQuestions 34 through 36. Listen to the conversation between two students. (設問34〜36です。学生2人の会話を聞いてください)などのナレーションが入ります。このナレーションの間に選択肢を読むことができます。とはいえ、34、35、36番のすべての選択肢に目を通す余裕はありませんので、それぞれの選択肢(A)だけを素早く確認しておきましょう。あらかじめ話の内容がわかり、リラックスして聞けます。

また、次の会話やトークが始まる前に開いているページの選択肢の先読みは許されています。これもテクニックと考えてください。正答率が確実に上がります。

文法セクションの攻略法

ここでは、文法セクションで出されやすい項目にスポットを
当て、効率よく学んでいきます。

攻略法12

主語と動詞を探し、単数／複数を見極める

　文法セクションの具体的な解法テクニックを見ていきましょう。一般的に出題されやすい順に見ていきます。

　まず、主語と動詞を見つけ出すことが大切です。主語と動詞の数の一致は、TOEFLでは頻出問題です。まちがい探しの問題例を見てみましょう。

○問題例

> Some of <u>the tectonic plates</u>, <u>such as</u> the Pacific plate, <u>is composed</u>
> 　　　　　　　 A　　　　　　　　　　B　　　　　　　　　　　　　 C
>
> <u>almost entirely</u> of oceanic crust.
> 　　　　D

[正解：C]

　この文の主語は Some of the tectonic plates、動詞は is composed です。主語が複数形の名詞なので、対応する動詞 (is) も複数形にしなければなりません。よって、is composed を、are composed、consist、are made up など「〜から成り立つ」という意味の、複数形に対応した動詞に変更する必要があります。

○訳
太平洋プレートなど一部の構造プレートは、全体がほぼ海洋地殻からなる。

---

more ≫

①[some of the 複数形] なら、主語は複数扱い
②[one of the 複数形] なら、主語は単数扱い
③other がついていたら主語は複数扱い。the other、another なら、主語は単数扱

い

④数えられる名詞に冠詞がついていない場合、few、a few、many などを使うか、名詞を複数形にする

⑤数えられない名詞に量的な修飾をする場合、little、a little、much などを使う

⑥every は単数形の名詞を伴う

並列文かどうかを確認する

TOEFL では並列を扱った問題がしばしば出題されます。名詞や形容詞、動詞などいずれの品詞の並列かを見極めなければなりません。例えば形容詞を並列すべき箇所に副詞がまじっていたらまちがいです。品詞の一致が重要なのです。空所補充の例を見てみましょう。

○問題例

> Usually edible mushrooms are cooked with meat, combined with other vegetables, ------------

(A) or using in soups and sauces for steaks.

(B) or they can be used in soups and sauces for steaks.

(C) or when they are used in soups and sauces for steaks.

(D) or used in soups and sauces for steaks.

［正解：D］

この例文では mushrooms are 以下が並列されています。ですから、cooked、combined とそろえて、動詞の受け身形 used を用いた (D) が正解となります。

○訳

通常、食用マッシュルームは肉と共に調理されたり、他の野菜と組み合わされたり、あるいはスープの具やステーキのソースに使われたりする。

文中に or や and が含まれていたら、並列文の可能性を考えましょう。まちがい探し問題では、品詞が変更されているケースが多くあります。

攻略法 ▶ Section 2 Structure and Written Expression

●例

× ABC Company designs, <u>constructing</u>, and maintains buildings.

○ ABC Company designs, <u>constructs</u>, and maintains buildings.
（ABC会社は、建物のデザイン、建設、そして保守を行っている）

　また、並列文のカンマに惑わされてはいけません。同格が含まれていたり、関係代名詞によってカンマで区切られていたりすると、見分けがつきにくいものです。

●例

× ABC Company, founded in 1935, is one of the largest, most respected, and <u>one of the most</u> innovative contractors in the industry.

○ ABC Company, founded in 1935, is one of the largest, most respected, and <u>most</u> innovative contractors in the industry.
（1935年に創設されたABC会社は、業界における最も巨大で尊敬されている、最も革新的な建設会社の1つである）

　この文章には同格のカンマで区切られたfounded in 1935 が含まれているため、並列文のカンマと見分けがつきにくく、文章の構造がわかりにくくなっています。one of the以降が並列文です。ABC Company を補足説明するfounded in 1935 を外して考えましょう。

攻略法14
品詞の語順と用法が正しいかをチェック

　品詞の語順にも注意が必要です。the highly developed techniques（高度に発達した技術）は、the developed highly techniquesという語順にはなりえません。developed（発達した）は形容詞であり、この語を副詞のhighly（高度に）が修飾します。品詞の語順と用法には十分注意しましょう。
　また、副詞が名詞を修飾することはありません。primary education（初等教育）というべきところをprimarily educationとしていたらまちがいです。
　また、only［副・形・接］が穴埋め問題で出題された場合には、形容詞の可能性も考えてください。
○例
the only cause of the failure（失敗の唯一の原因）

攻略法15
比較級と最上級は比較対象を確認する

TOEFL ITPでは、比較級・最上級の問題がかなりの頻度で出題されます。例えば最上級で、the most happiest people in the worldなどとするようなまちがい探し問題もあります。一方、難易度が高いのは、比較対象を問う問題です。比較対象が単数か複数かを確認しましょう。

more >>>

①the mostの後は原級。さらに最上級(-est)がきていないか確認する。
②one of the 〜 では、ほとんど最上級を取る。
③比較級を強調するのはby far、far、muchなど。
④thanがあれば、まず比較級を疑ってみる。

攻略法16
消去法を活用する

消去法はすべてのセクションで有効ですが、文法セクションの関係詞につく前置詞などの問題ではなおさらです。関係詞は連結前の平叙文を頭の中で組み立てて考えることが可能だと思いますが、まちがい探し問題で平叙文が正しいか不安なときは、「他の部分が合っている」ことをしっかり確認してから、答えを選びましょう。

○問題例

The polygraph, <u>of which</u> untruths <u>are detected</u>, has been <u>used</u> mainly <u>in</u>
　　　　　　　　A　　　　　　　　　B　　　　　　　　　　C　　　　　　D
forensic science.

［正解：A］

関係詞でつながれる前の元の文は、untruths are detected by the polygraphです。untruths are detected of the polygraphとはなりません。よって(A)のof whichはby whichとするべきです。
念のために他の選択肢を検討してみましょう。まず、節を取っているuntruths <u>are detected</u> は、untruthsという複数形に対応しているため問題ないことがわかりま

す。次に「〜に用いられている」という意味でusedが正しいことがわかります。前置詞のinは、used in 〜で「ある分野で使われている」ことを示す、正しい用法です。

　このように前置詞が選択肢に含まれている場合には、確信を持てないことが多いため、消去法が有効です。

○訳
虚偽を見分けるうそ発見器は、主に科学捜査に用いられる。

攻略法17

alikeの法則を生かす

　私の塾には学生が発見した伝統的な「alikeの法則」というものがあります。文法セクションのまちがい探し問題でalike（[副]同様に、[形]似ている）という語が選択肢に出てきたら、ここがまちがいとなる可能性が非常に高いのです。

〈まちがい探し問題の場合〉
　（1）alikeは本来likeとすべきところで使われていることが多い
　（2）文頭のNot alikeはUnlikeの代わりに誤った選択肢として使われることが多い
　（3）likelyやunlikelyは、通常は可能性を示す形容詞として使われることが多い

　例文を見てみましょう。

○問題例

Not alike other minerals, quartz has a rigid framework in which
　　A　　　　　　　　　　　　　　　　　　　　　B

tetrahedra are tightly bound together.
　　C　　　　　　　　D

［正解：A］

　ここでは、「〜と異なり」という意味になるよう、文頭にはUnlikeを用います。

○訳
他の鉱物と異なり、水晶は強固な構造を持っている。そこでは四面体が強固に結合されている。

攻略法18

修飾語を省き大まかな意味をつかむ

　文意を正しくつかめるかどうかは、皆さんのリーディング能力次第です。高スコアを目指すなら、こうした問題にもきちんと対処できなければなりません。文意を即座に把握できない場合には、修飾語（句）を省き、文章を簡略化して大まかな意味を取るようにしましょう。

○問題例

> Because temperatures within the Earth are high enough to melt rock, the
> 　A　　　　　　　　　　　　　　　　　B
>
> high pressures within the Earth prevent the rock from turning into a liquid.
> 　　　　　　　C　　　　　　　　　　　　　　　D

［正解：A］

　主節（the high pressures ... into a liquid.）と従位節（temperatures ... to melt rock）の関係を考えた時に、お互い相反する情報を伝えていることがわかるでしょう。この文をつなぐには、Because ではなく逆接の接続詞、Although（〜だけれども）を用います。

○訳
地球内部の温度は岩を溶かすのに十分高いが、地球内部の高圧が岩石の液化を妨げている。

more »»

although、however、despite、nevertheless、in spite of などを用いると、文意の反転が起こる

攻略法19

難問は飛ばす、そして戻って考える

　難問かどうかを判断するのも、重要なテクニックだと思ってください。難問の特徴は以下のとおりです。

（1）分詞構文で主語がわかりにくい
（2）異なる冠詞や前置詞が選択肢に含まれている「穴埋め問題」
（3）冠詞にアンダーラインが引かれている「まちがい探し問題」
（4）語順を問う問題
（5）文意を問う問題

　もちろん、これらにも簡単な問題が含まれていますから、難問と見分けられるかどうかは「練習量」に比例するでしょう。難問だと判断したら、飛ばしてかまいません。マークミスにだけ気をつけて、1問当たり30秒で解いてください。そして、残った時間で難問を解く練習をふだんからしてください。また、まちがい探し問題で、2つ以上の選択肢が理解できずに残ってしまったら、飛ばしましょう。
　TOEFL ITPでは難問が出たため文構造がわからなくなり、続く簡単な問題も連続してまちがえることがあります。前の問題を引きずってしまうのです。気持ちの切り替えが重要だと思ってください。難問の例を見てみましょう。

○問題例

Hawaii lies at the southeast end of a underwater chain of mountains about
　　　　A　　　　　　　　　　　　　　　　B　　　　　　　　　　　　　　　　　C
1,500 miles in length.
　　　　　　　D

［正解：B］

　lies atやin lengthが選択箇所に含まれているので、前置詞の問題、あるいは、in lengthをlongに変えなければいけないと思いがちです。実際には、underwater chainが母音で始まるため、(B)のaをanあるいはtheに変えるだけです。この設問を「簡単だ」と思っている皆さんでも「文法が得点源だ」と思うと本試験であがってしまい、まちがいを犯すことになります。練習量に比例してスコアは上がりますが、難易度が大きく異なる問題が出されるので、途中で簡単だと思い込んでしまい、難問が出たときに対処できなくなる可能性がありますから注意しましょう。

○訳
ハワイは長さ約1500マイルの海底山脈の南東端に位置している。

" 試験は試験と割り切る "

● 意外にまちがいやすい自分の専門分野

　私は、ルーズベルト（Roosevelt）大統領が採ったthe New Deal（ニューディール政策）は、財政政策としてはかなりの失敗をしているのではないかと思っていますが、TOEFLの問題では、一般的にニューディール政策を素晴らしい政策としてとらえています。私はこの分野の問題になるとまちがえることがあります。自分の専門分野で知識はあるのですが、問題作成者と意見が合わないため、意図がわからなくなるのです。自分の研究とは関係ない試験問題と割り切って考えることが重要です。

● 筆者の考えが理解できない文章

　ETSの古い刊行物のリーディング問題に「なぜ動物には車輪がないのだろうか。猫のつめのように出し入れできる車輪があってもよいのではないか」と述べる文章が収録されています。この問題を生徒に解かせると、かなりの英語力がある生徒でも、5問中2問はまちがえます。彼らは「なぜこんなとっぴなことを考えるのか」と言います。文章そのものを否定してしまうのです。「そういう考えもあるのか」と素直に受け入れれば、案外簡単に解けることがあります。

● 苦手意識をなくし、心のブロックを外す

　本来TOEFLは大学入学後に授業についていけるかどうかを判定する試験です。そのため文系・理系を問わず、幅広い分野から出題されます。「私は文系だから、理系の問題は無理」と思わないでください。そういう学生に「この問題は簡単だよ」と言って難しい問題を解かせると「簡単でした」とかなり高い正答率を出します。Placebo（＝気休め薬。例えば、精神的な腹痛などのときに小麦粉を「この薬効くよ」と言って渡す）のような効き目がありました。心のブロックを外しましょう。

リーディング・セクションの攻略法

最後に、リーディングに必須の攻略法です。
設問タイプに合わせたアドバイスを見ていきましょう。

攻略法20
ニュートラルな立場で問題文に取り組む

攻略法20〜22はリーディング・セクション全体に関する"心構え"についてです。

だれにでも苦手な分野はあるものです。一般的にいえば、理系の人は文系関連の文章が苦手でしょうし、文系の人は理系の文章が苦手です。しかし、自分の専門分野が出題されたときにも、まちがえることがあります。今まで学んだ知識が逆に「問題作成者の考え」を否定することがあるのです。先入観を持って問題文を読んで失敗しないために、いつもニュートラルな視点で文章を読むよう心がけましょう。

攻略法21
メイントピックに関する設問は少し後に解く

多くの場合、3、4問目の設問を解き終えたくらいの時点で、パッセージ全体の意味がわかるようになります。ここで、メイントピック（文の主題）を問う設問に戻ると、取り組みやすいでしょう。この際、マークミスには気をつけてください。ただし、速読能力に優れた人は、最初から答えて構いません。

また、詳細な点を問われる設問が続くと、メイントピックがぼやけてしまう場合があります。ですから、メイントピックに関する設問を、そのパッセージの最後に回すことは避けてください。メイントピックから外れた細かい点を指摘した選択肢を選んでしまい、まちがえる可能性が高いからです。

攻略法22
1パッセージごとに抜かした場所がないかどうかチェック

わかりにくい設問を後回しにするのは、よいことだと思います。しかし、5つのパッセージの設問をすべて解き終えてから戻るのはよくありません。

試験が終わった後、すべてのパッセージの内容を詳細に覚えていますか。記憶力のかなりよい人でないと無理でしょう。パッセージごとに飛ばした設問がないか確認し、自信がなくてもマークしておきましょう。そして、すべての設問を解き終わっても時間が余っていれば、最初に戻って見直してください。

それでは、指揮者や作曲家として有名なバーンスタインに関するパッセージを読みながら解法を考えてみましょう。ここから、正解を導く思考回路を身につけてください。最初にパッセージを読みましょう。

○問題例

As a leading figure in classical music, Leonard Bernstein was a composer, conductor, and pianist. He was born in Lawrence, Massachusetts in 1918. He studied music at Harvard University, and he studied piano at the Curtis Institute of Music in Philadelphia. **(A)** In 1940, he was educated at Tanglewood which had just been opened by the Boston Symphony Orchestra. He studied conducting under Serge Koussevitsky and later became his assistant.

Bernstein's acclaimed debut at the New York Philharmonic was unexpected, although he was previously appointed as assistant conductor. In 1943, a few hours before the concert at Carnegie Hall, he was notified to conduct the orchestra because of the **ailment** of another conductor, Bruno Walter. The concert was broadcast nationally on the radio. After the success of this formal debut, he was sought out as a guest conductor worldwide.

(B) As a composer, he completed a large-scale piece, Symphony No. l, which was inspired by his Jewish heritage. He conducted the work performed by the Pittsburgh Symphony Orchestra in 1944, and received the New York Music Critics' Award. Bernstein's passionate compositions were not limited to classical music. One of his notable achievements was a mixture of classical music with popular music. **(C)** He also made scores for Broadway musicals such as "On the Town" (1944) and "West Side Story" (1957). Bernstein later became music director of the New York Philharmonic in 1958 and led its concerts until 1968.

Later in his life, Bernstein devoted himself to philanthropic work. In 1985, he carried out a "journey for peace" tour to Athens and Hiroshima. The tour commemorated the fortieth anniversary of the atomic bomb. **(D)** Bernstein conducted the historic "Berlin Celebration Concerts" in December 1989, soon after the Berlin Wall's collapse. The concert was

performed from both sides of the wall. He also supported Amnesty
International from its **birth** and established the Felicia Montealegre Fund in
30 memory of his wife who died in 1978.

○パッセージの訳

　クラシック音楽の大御所であるレナード・バーンスタインは、作曲家であり、指揮者であり、ピアニストであった。彼は1918年にマサチューセッツ州ローレンスに生まれた。彼はハーバード大学で音楽を学び、フィラデルフィアにあるカーティス音楽院でピアノを学んだ。1940年、彼はボストン交響楽団が創設したばかりのタングルウッドで教育を受けた。彼はセルゲイ・クーセヴィツキーの下で指揮を学び、後に彼の助手になった。

　バーンスタインはニューヨーク・フィルハーモニックで素晴らしいデビューを果たしたが、それは当初予定されていたものではなかった。最初、彼は指揮者のアシスタントだった。1943年、カーネギー・ホールでのコンサートの数時間前になって、もうひとりの指揮者ブルーノ・ウォルターが病気のため、自分がオーケストラの指揮をすることを知らされたのだ。コンサートはラジオで全国放送され、この公式デビュー成功の後、彼は世界中から客員指揮者として招待されることになった。作曲家としての彼は、自らのルーツであるユダヤの伝統にインスピレーションを得て、スケールの大きい楽曲、交響曲第一番を完成した。1944年には、ピッツバーグ交響楽団を率いてこの楽曲を自ら指揮し、ニューヨーク音楽批評家賞を受賞した。バーンスタインの情熱的な作曲（活動）はクラシック音楽の領域に限られたものではなかった。彼の業績で特筆すべきことは、クラシック音楽とポピュラー音楽を融合させたことである。彼は同様に、『踊る大紐育』(1944)や『ウエスト・サイド物語』(1957)などのブロードウェー・ミュージカルも手がけた。その後バーンスタインは、1958年にニューヨーク・フィルハーモニックのディレクターに就任し、1968年までコンサートで活躍した。

　晩年のバーンスタインは、慈善事業に献身した。1985年には、アテネと広島へのピースツアー（平和の旅）を実施した。このツアーは、原爆投下から40周年を記念したものだった。ベルリンの壁崩壊直後の1989年12月には、歴史的なイベントである「祝ベルリン・コンサート」で指揮棒を振った。コンサートは(ベルリンの)壁の両側で演奏された。また、彼は結成当初からアムネスティ・インターナショナルを支援し、1978年に亡くなった妻の名前を冠したFelicia Montealegre基金を設立した。

　ここでは、文意を把握した上で、設問を解いていきましょう。設問のタイプ別に解法を考えていきます。

攻略法23

大きな視点で問題文をとらえる

タイプ1　文章全体の内容を問う設問

　文章全体の内容を問う設問では、ここで示す例のように「適したタイトルは何か」「主に何を述べているのか」といったことを問われます。

○設問例 1（p.207の長文に関する質問／以下同）
Q: Which of the following would be the most suitable title for the passage?
  (A) The New York Philharmonic Orchestra
  (B) Bernstein as a student of Koussevitsky
  (C) The life of Bernstein
  (D) Bernstein as a philanthropist

[正解：C]

　まず、パッセージ全体の構造を見ましょう。第1パラグラフには、バーンスタインが1918年に誕生したこと、そして音楽の教育を受けたことが書かれています。第2パラグラフには、バーンスタインの指揮者、そして作曲家としての活躍が書かれています。第3パラグラフには、晩年のバーンスタインの慈善的な活動が書かれています。

　選択肢(D)にあるphilanthropist（慈善家）は、第3パラグラフで紹介されているバーンスタインの一側面です。また、(A)と(B)もパッセージの全体像を述べているのではありません。ですから、全体像を述べている(C)の「バーンスタインの生涯」が正解となります。

　なお、(C)の選択肢の次に主要なテーマは、(D)で触れられている「バーンスタインの晩年の慈善活動」です。最終パラグラフの主題を全体の主題と勘ちがいすることがあるので気をつけましょう。

　速読能力が問われますが、最初の4分以内に本文を読んで解いたほうがよいでしょう。

○訳
設問：この文章に最も適したタイトルは、次のどれですか。
  (A) ニューヨーク・フィルハーモニック
  (B) クーセヴィツキーの教え子としてのバーンスタイン

(C) バーンスタインの生涯

(D) 慈善家としてのバーンスタイン

攻略法24

消去法で選択の幅を狭める

タイプ2　推測問題

　パッセージの内容を問われる問題です。そして、そこからどのようなことが推測されるかが問われます。例題を見てみましょう。

○設問例 2

Q: What can be inferred about Bernstein's formal debut as a conductor?

　(A) It was abrupt.

　(B) It was unsuccessful.

　(C) It was expected.

　(D) It was announced.

［正解：A］

　第2パラグラフの最初の主要なテーマが、カーネギー・ホールでのデビューです。まず設問のformal debutが、8行目のBernstein's acclaimed debut ... と同じものかをチェックしましょう。12行目にはAfter the success of this formal debut, ... と書かれています。ですから、「成功裏に終わった正式なデビュー」がその前に述べられていると判断できます。

　それでは、消去法を使いましょう。(B)「不成功だった」は、第2パラグラフ冒頭のacclaimed debut（称賛されるデビュー）と相反するので消去できます。また、同じ文にある was unexpected（予定されていなかった）から、(C) も消去できます。

　(D) は引っかけの選択肢です。10行目に he was notified to conduct the orchestraと書かれていますが、notifiedと選択肢のannouncedは同じ意味ではありません。(D) は「（あらかじめ新聞などで聴衆に）告知されていた」という意味です。一方、本文のnotifiedはバーンスタインが「（かわりに指揮をするように）告げられた」という意味になります。引っかけの選択肢があるぶん、難易度がやや高い問題といえるでしょう。

○訳

設問：バーンスタインの指揮者としての正式デビューについて、どんなことが推測できますか。

　(A) 突然だった。

　(B) 不成功だった。

　(C) 予定どおりだった。

　(D) 告知されていた。

攻略法25

正解は本文中にあると心得る

○設問例 3

Q: Which of the following could be inferred from the passage?

　(A) Amnesty International was founded in 1978.

　(B) Athens was damaged by the atomic bomb.

　(C) The Berlin Wall was being dismantled in 1989.

　(D) Bernstein never married.

[正解：C]

　意外にまちがいやすい選択肢が (B) です。一般常識では、原子爆弾は日本にしか投下されていません。しかし、パッセージにアテネと広島へのピースツアーが行われ、そのツアーは原爆投下40周年を記念したものとあるので、原子爆弾がアテネにも投下されたと勘ちがいする人が多いようです。仮に一般常識でわからなかったとしても、現実に投下された場所については、本文中に書かれていません。気をつけてください。

　26行目に Bernstein conducted the historic "Berlin Celebration Concerts" in December 1989, soon after the Berlin Wall's collapse. とあります。キーとなる部分は、このセンテンスの soon after ... というフレーズです。ここから、1989年にベルリンの壁が崩壊したとわかります。dismantle（取り壊す）という語を使って the Berlin Wall's collapse を言い換えた (C) が正解です。

　こうした問題では、設問の意味を理解することにより、何を問われているかを判断してください。また、What can be inferred from the passage? という推測を促す設問であったとしても、TOEFL では必ずと言ってよいほど、関連する情報が本文中に述べられています。完全な推測ではないと心にとめておきましょう。

○訳
設問：この文章から、次のどれが推測できますか。

(A) アムネスティ・インターナショナルは1978年に設立された。

(B) アテネは原爆の被害を受けた。

(C) ベルリンの壁は、1989年に取り壊された。

(D) バーンスタインは結婚したことがなかった。

攻略法26

設問を読み直す

タイプ3　文章指摘問題

　設問に対応する文章を、指定された下線部から選択する問題です。通常、1回の試験で3問程度出されます。難易度は高いものから低いものまであります。

　全体の文意を把握せずに解ける設問ですから、落としてはもったいない問題です。まずは、指定行をしっかりと読みましょう。あまりに簡単だと思う設問には、引っかけ要素が含まれている可能性もありますので、設問文は最低2回読み、「何を聞かれているか」を把握しましょう。そして、設問の対象となっている部分の文章を再度スキミングしてください。迷ったら、もう一度設問を読み返しましょう。

　それでは、例を見ながら解法を考えていきましょう。

○設問例 4（p.207の英文中の下線部 (A)、(B)、(C)、(D) の中から選択）

Q: Where in the passage does the author specifically mention the names of musicals that Bernstein composed?

［正解：C］

　この問題例で重要な点は、①バーンスタインが作曲をした事実と、②その中でミュージカル名が書かれた箇所を探すことです。

　バーンスタインが作曲をしたことが書かれている文は、(B) と (C) だけです。これでこの条件をクリアしている文を2つに絞ることができました。

　ミュージカル名が書かれている箇所は、(C) の ... for Broadway musicals such as ... のところです。ですから、(C) が正解となります。

　設問文の the names of musicals を読みまちがえなければ簡単な設問でしょう。

○訳
設問：筆者が、バーンスタインの作曲したミュージカル名を具体的に述べているのは、パッセージのどの部分ですか。

　なお、実際の試験ではパッセージに下線はなく、次のような選択肢になっています。

(A) Lines 4〜6
(B) Lines 14〜15
(C) Lines 19〜20
(D) Lines 26〜27

攻略法27

設問の意味をよく考える

〔 **タイプ4　参照選択問題** 〕

　「この語やフレーズは何を指しているか」と問うのが参照選択問題です。設問例を見ながら、解答ポイントを考えてみましょう。

○設問例5（p.207の英文中のハイライトされた語句を参照）
Q: The phrase "the work," in paragraph 2, refers to
(A) the concert
(B) the success of his formal debut
(C) a large-scale piece
(D) heritage

［正解：C］

　15行目のHe conducted the work performed ... を参照します。ここでのworkは「作品」という意味になります。バーンスタインが作曲した楽曲と考えてよいでしょう。定冠詞のthe が使われていることから、前に述べられている可能性が高いと考えてください。直前の文章にAs a composer, he completed a large-scale piece, Symphony No. 1, which ... とあり、the work とは「交響曲第一番」であることがわかります。しかし、Symphony No. 1は選択肢にはありませんから、この作品を別の言葉で言い換えた(C) a large-scale piece（壮大なスケールの楽曲）が正解となります。

○訳

設問：第2パラグラフにある the work は何を指していますか。

  (A) コンサート

  (B) 彼の公式デビューの成功

  (C) 壮大なスケールの楽曲

  (D) 遺産

攻略法28

同義語選択は文意を踏まえる

タイプ5　同義語選択問題

　同義語選択問題で語彙力が重要であることはまちがいないのですが、文中から意味を推測することも可能です。いずれの場合にも「語義」が合っているかどうかが鍵となります。特に難易度の高い単語の場合には、文意を把握することが最も重要です。

　さらに多義語の場合は、文意を十分に把握した上で、その語がどの意味で使われているかを確認しましょう。選択肢には、紛らわしい語が入っている可能性が高いため、選んだ語句を本文中に入れて、最後に意味が通るか確認してください。

　ここで、別の小問題（a〜c）に取り組みます。まず、比較的簡単な例を見てみましょう。

○小問題a

> In most cases, once a meteorite **enters** the Earth's atmosphere, it soon burns up, due to the **friction** of air.

Q: The word **enters** in the passage is closest in meaning to

  (A) appears

  (B) joins

  (C) goes into

  (D) taps

［正解：C］

　文意から、「大気圏に入り込む」ことがわかりますから、(C) goes into が最適です。他の選択肢は、意味がかなり異なるため、除外できます。難易度の低い問題です。こ

の設問をクリアできないと、トータルで45点を獲得するのは難しいでしょう。

○訳
ほとんどの場合、隕石は地球の大気圏に突入するときに、空気との摩擦によりすぐ燃え尽きます。

設問：パッセージ中のentersに最も近い意味を持つのはどれですか。
　(A) 現れる
　(B) 加入する
　(C) 入る
　(D) たたく

○小問題b（文はp.214と同じ）
Q: The word **enters** in the passage is closest in meaning to
　(A) rushes into
　(B) comes across
　(C) orbits
　(D) enrolls

［正解：A］

　少し難しくなりました。選択肢の中で(A)と(B)が比較的、近い雰囲気の語義を持ちます。また、問題文にmeteorite（隕石）という単語が含まれているため、天文学に関連した(C)を選択する可能性もあります。文意からは(A)以外は選択できませんが、やや難易度が高く50点レベルの問題となっています。

○訳
設問：パッセージ中のentersに最も近い意味を持つのはどれですか。
　(A) 突入する
　(B) 出会う
　(C) 軌道に乗る
　(D) 登録する、入学する

　次は単語そのものを難しくしてみます。

○小問題c(文はp.214と同じ)

Q: The word **friction** in the passage is closest in meaning to
    (A) rubbing
    (B) discordance
    (C) high temperature
    (D) smoothness

[正解：A]

この問題の攻略法は2通りあります。

(1)frictionの意味を知らないがmeteoriteや全体の文意がある程度わかるとき

主節のburns upが重要になってきます。「燃える理由は何か」を考えてください。
(B)と(D)は消去できるはずです。他の設問で得点するためにも時間を使わずに、思い切って「確率50％」で答えてみましょう。

(2)frictionの意味はわかるが、選択肢の意味がわからないとき

消去法を活用しましょう。(D)は少なくとも消せると思います。今度は、確率3分の1で答えましょう。この問題は50点から55点レベルとなります。

○訳

設問：パッセージ中のfrictionという語に近い意味を持つのはどれですか。
    (A) 摩擦
    (B) 不一致
    (C) 高温
    (D) 滑らかさ

それではp.207の長文問題に戻り、本試験と同レベルの設問を見てみましょう。

○設問例6(p.207の英文中のハイライトされた語句を参照)

Q: The word **ailment** in line 11 is closest in meaning to
    (A) retirement
    (B) illness
    (C) travel
    (D) misconduct

[正解：B]

難易度が高い問題です。ailment（病気）の意味がわかる人は60点レベルに近い語彙力を持っています。

では、ailmentの語義がわからないときの対策を考えましょう。最初に、この語が含まれているセンテンスの意味を把握します。もう1度読んでみましょう。

In 1943, a few hours before the concert at Carnegie Hall, he was notified to conduct the orchestra because of the <u>ailment</u> of another conductor, Bruno Walter.

1943年に他の指揮者であるBruno Walterの「○○により」コンサートの数時間前に指揮をするよう告げられた、という文意です。Bruno Walterに何が起こったのでしょうか。前文に「デビューは予定されたものではなかった（unexpected）」とあるので、(A)の「引退」は非現実的です。(C)の「旅行」もあり得ないでしょう。

残る選択肢の(B) illness（病気）と(D) misconduct（違法行為）のいずれがよいでしょうか。ニューヨーク・フィルの指揮者は社会的立場があると想像できるので、悪いことをして変更になったとは考えにくいです。ですから、(B)の「病気」と考えるのが妥当でしょう。

○訳
設問：パッセージの11行目のailmentに最も近い意味を持つのはどれですか。
(A) 引退
(B) 病気
(C) 旅行
(D)（非行などの）違法行為

○設問例 7（p.208の英文中のハイライトされた語句を参照）
Q: Which of the following words best reflects the meaning of the word **birth** in line 29?
(A) fundraising
(B) organizational process
(C) inception
(D) place

［正解：C］

設問文を変えてみました。大意は、「パッセージで使われている意味を最も適切に示す選択肢を選びなさい」ですから、文意上の同義語を選択するという意図は同じで

217

す。設問の表現の仕方が変わっただけです。

　本文の He also supported Amnesty International from its birth（アムネスティ・インターナショナルをその誕生から支援した）から、birth の意味が「誕生」であると取れます。問題は選択肢でしょう。(C) の inception は難易度の高い選択肢ですが、他の選択肢はそれほど難易度が高くないことから、消去法が使えます。(A)「資金調達」、(B)「組織過程」、(D)「場所」がすべて候補から外れます。「知らない単語」でも他の選択肢が消去できるようであれば、思い切ってマークを入れてください。

○訳
設問：次のどの語がパッセージの29行目で述べられている birth という語を最もよく表していますか。
　(A) 資金調達
　(B) 組織過程
　(C) 発端
　(D) 場所

　さらに例題を解きながら、同義語選択問題のポイントを整理しておきましょう。短い時間で解答する練習をしてください。

○問題例

> The presidential **emissary** is presently in talks with the Australian prime minister.

Q: The word **emissary** is closest in meaning to
　(A) spy
　(B) representative
　(C) candidate
　(D) letter

［正解：B］

　emissary は「使者、特使」という意味です。同時に「スパイ」という意味もあるので、語義だけなら (A) も正解となります。しかし、文意から考えて「スパイ」が首相と会談するでしょうか。正解は (B) representative（代表）となります。このように、難易度の高い単語の場合、文意を考えて選択肢を選びます。

○訳
大統領の使節は、現在オーストラリア首相との会談中です。

設問：emissaryに最も近い意味を持つのはどれですか。
(A) スパイ
(B) 代表
(C) 立候補者
(D) 手紙

○問題例

Pilots can only land if the runway is **clear**.

Q: The word "clear" is closest in meaning to
(A) sunny
(B) unobstructed
(C) obvious
(D) cloudy

［正解：B］

　一瞬皆さんは「(A)ではないのか」と思ったかもしれません。この場合のclearは「さえぎるものがない」という意味で、(B) unobstructedが正解となります。選択肢にわざと(D)のcloudyを入れることにより、多義語であるclearの意味を(A)に向けさせたのです。(D)以外の選択肢はすべてclearの同義語です。比較的やさしい単語でも文意から判断することの難しさを知ってください。
　このように、難易度の低い単語には、あまり使われない語義の選択肢が含まれており、それが正解の場合があります。

○訳
パイロットは、滑走路に(他の飛行機などの)妨げるものがないときにだけ着陸できます。

設問：clearに最も近い意味を持つのはどれですか。
(A) 晴れた
(B) さえぎるものがない
(C) 明らかな
(D) 曇った

同義語に迷ったら、選択肢を本文に入れてみる

○問題例

> Babies often **occupy the spotlight** at family gatherings.

Q: The phrase **occupy the spotlight** is closest in meaning to
　(A) walk around
　(B) smile cheerfully
　(C) receive the most attention
　(D) point

［正解：C］

　主語はBabiesです。「赤ちゃん」は(A)も(B)も行うでしょう。しかしフレーズを直訳すれば「スポットライトをひとり占めする」ですから、(C)が最適となります。元の文に選択肢の表現を入れて、意味が通るか確認しましょう。ここには示しませんでしたがsteal the spotlightも同義です。(D)は、「(指などで)指す」という意味で、真っ先に除外できます。
　このようにフレーズの同義語句選択の場合には、必ず本文中に入れて、文意が変わらないかを確かめましょう。

○訳
家族の集まりで、赤ちゃんは、しばしば一番の注目を集めます。

設問：occupy the spotlightに最も近い意味を持つのはどれですか。
　(A) 歩き回る
　(B) 快活に笑う
　(C) 一番の注目を集める
　(D) 指さす

○問題例

> **Although** there was a vast land, the yield from farming was low. This was due to the small amounts of population. **Thus**, agriculture in 19th-century America was about to give way to the machine age.

Q1: The word **Although** is closest in meaning to
    (A) While
    (B) Because
    (C) Until
    (D) Instead of

［正解：A］

文意から「〜にもかかわらず」という節を伴う接続詞を選択しなければなりません。(D) は節を取れません。(B) だと因果関係が逆転してしまいます。(C) は意味をなしません。(A) は「〜の一方で」という意味となり、選択肢の中で最適です。接続詞の同義語選択は文章の意味に注意が必要です。

Q2: The word **Thus** is closest in meaning to
    (A) Instead
    (B) Rather
    (C) Moreover
    (D) Therefore

［正解：D］

Thus は「それゆえに、従って」という意味の因果関係を示す副詞です。前文の内容を踏まえ、続く文で結果を示すときに使われます。一方、(A) と (B) は反対を示す副詞で、左の文中に入れると意味をなさなくなります。なお、Subsequently（その後）やHence（従って、今後）が選択肢にあれば、それらの副詞も正解となります。

○訳
広大な土地があったものの、農業による産出量は少なかった。これは、人口が少なかったことが原因だった。こうして、19世紀のアメリカは機械化の時代に入ることとなった。

設問1：Althoughに最も近い意味を持つのはどれですか。
    (A) 〜の一方で
    (B) なぜなら
    (C) 〜するまで
    (D) 〜のかわりに

設問2：Thus に最も近い意味を持つのはどれですか。

(A) 〜のかわりに

(B) むしろ

(C) さらに

(D) それゆえに

攻略法30

NOTやEXCEPT問題でも消去法が有効

タイプ6　NOTやEXCEPTの入った問題

推測問題に多く出題されるのがNOTやEXCEPTの入った問題です。以下の例を見てください。

○設問例

Q1: All of the following can be inferred from the passage EXCEPT
　　（以下のすべてのことがパッセージから推測されますが、当てはまらないものはどれですか）

Q2: Which of the following is an example of a plant that does NOT carry out photosynthesis?
　　（次のどれが、光合成を行わない植物の例になりますか）

こうした問題が1回の試験で4問程度出題されます。この設問はけっこう難しいのです。なぜなら、パッセージ内に書かれていないものを探す作業となるからです。頭の中で正しいものを消去して、「正しくないもの」を選ばなければなりません。

しかし、本文に次のように明示されている場合は、比較的楽に解けます。

Unlike parasitic plants, most plant species take in carbon dioxide and water to produce sugars through photosynthesis.
（寄生植物と異なり、多くの植物種は二酸化炭素と水を吸収し、糖類を光合成により生産する）

Unlike ... がキーフレーズです。Q2のように、光合成を行わない植物の例を問われた場合、選択肢からParasitic plants あるいはParasitesを選ぶことができます。こうしたキーフレーズさえ見つけられれば、比較的簡単に解けるものもあります。

Chapter 7

試験直前に役立つ

丸わかり
英文法

TOEFL ITP で扱われる文法を項目別に整理しました。文法知識の再確認に役立ててください。

この章では、TOEFL ITPに頻出の文法事項を再確認できます。語彙力がある人なら、この章を読んで理解するだけで、文法セクションで高得点を取ることが可能です。反対に、この章を読んで、より詳細に文法を学ぶ必要があると感じた人は、大学受験用の文法書や問題集（1冊でかまいません）を用いて、知識の習得に努めてください。

▎数の一致

　数の一致に関する問題は文法セクションでは頻出です。特によく出るパターンを見ていきましょう。

● 主語の数と動詞の一致

　文法セクションで出題が多いのは、いわゆる3人称単数現在を扱う問題です。be動詞の場合には、過去形の数の一致の出題が多く見られます。また、現在完了形の数の一致も問われる可能性があります。以下はよく出る問題の例です。

× John usually <u>get</u> up at seven in the morning.
○ **John** usually <u>gets</u> up at seven in the morning.
　（ジョンは通常、朝の7時に起きる）

× Ken and Kate <u>was</u> planning to go to Paris.
○ **Ken and Kate** <u>were</u> planning to go to Paris.
　（ケンとケイトはパリに行く予定を立てていた）

× Both Mary and Tom <u>has</u> lived here for years.
○ **Both Mary and Tom** <u>have</u> lived here for years.
　（メアリーとトムはここに何年も住んでいる）

● 代名詞の数の一致

　選択肢にもよりますが、代名詞の数の一致は見落としやすいので注意が必要です。

× The parents discussed how to encourage <u>his</u> children to be more active.
○ The **parents** discussed how to encourage <u>their</u> children to be more active.
　（両親は、彼らの子どもたちをどのように、より活動的にさせられるかを、話し合った）

parentsに対応する代名詞ですから、theirと複数形にしなければなりません。

× We raised two puppies and observed <u>its</u> behavior.
○ We raised **two puppies** and observed <u>their</u> behavior.
（私たちは2匹の子犬を育て、その行動を観察した）

また、代名詞の格を扱う問題で、所有格や代名詞以外のものが選択肢に入っている場合があります。例えば、代名詞の所有格ourと目的格usの混同を誘うような問題も出題されます。

● **熟語（句）の数の一致**

熟語は単に意味を覚えるだけでなく、使い方とともに身につけましょう。「うろ覚えなものに限って出題される」ということもあり、高スコアを目指すためにも繰り返し学習は必須です。ここでは、a number of ～ と the number of ～ のちがいをあげておきます。

× A large number of people from our company <u>is</u> scheduled to attend the conference.
○ **A large number of** people from our company <u>are</u> scheduled to attend the conference.
（私たちの会社の大勢が、その会議に参加する予定になっている）

a number of ～（多くの～）は形容詞句で、複数形の動詞を取ります。

× The number of people who signed up for the conference <u>are</u> 400.
○ **The number of** people who signed up for the conference <u>is</u> 400.
（その会議に出席予定の人数は400名だ）

the number of ～（～の数）は名詞句で、単数形の動詞を取ります。

2 時制の一致

時制の一致も数の一致と同様に、頻出問題です。どのような例があるのか見ていきましょう。

● 過去形と過去完了形

　過去に起こった事象は、通常は過去形で表します。過去に起こった事象をさらにさかのぼる場合には、過去完了形が用いられます。しかし、科学的な事象や普遍の真理に関しては、現在形が用いられ、時制の一致を受けないことがあります。この科学的な事象や普遍の真理に関する問題については、「複数の節の時制の一致」の項目で説明します。

a. 過去形

× 　Ken and Kate <u>go</u> to Paris last year.

○ 　**Ken and Kate** <u>went</u> to Paris last year.
　　（ケンとケイトは昨年パリに行った）

× 　In 1990, I <u>had graduated</u> from Yale School of Management.

○ 　**In 1990**, I <u>graduated</u> from Yale School of Management.
　　（1990年に、私はイェール・スクール・オブ・マネジメントを卒業した）

b. 過去完了形

× 　When John arrived at seven in the morning, the meeting already <u>started</u>.

○ 　When John **arrived** at seven in the morning, the meeting <u>had</u> already <u>started</u>.
　　（ジョンが朝の7時に到着したときには、会議はすでに始まっていた）

　この例の場合には、「到着したときには、すでに会議は始まっていた」のですから、過去のある時点までの動作の完了・結果を表す過去完了形を用います。文法セクションの穴埋め問題に出題されやすい項目です。

● ago と before

× 　When we arrived at the airport, the plane had taken off an hour <u>ago</u>.

○ 　When we **arrived** at the airport, the plane had taken off an hour <u>before</u>.
　　（私たちが空港に着いたとき、飛行機は1時間前に飛び立っていた）

　ago は「現在から見た過去の時間」です。before は「過去から見た、その出来事以前の過去の時間」を示します。まちがいやすいので注意しましょう。before の代わりに earlier も使えます。

● 複数の節の時制の一致

　時制を混乱させる要因の1つに、1文が複数の節に分かれていることがあります。特に、まちがい探し問題で冠詞などに下線が引いてあると、そちらに注意がいってしまい、節の動詞の形を見落としがちになるので気をつけましょう。

× We raised two puppies and observed how they <u>play</u> with each other.
○ We **raised** two puppies and observed how they <u>played</u> with each other.
　（私たちは2匹の子犬を育て、彼らがお互いどのように遊ぶのかを観察した）

関係代名詞が含まれると、文の構造が複雑になり、時制が混乱する場合もあります。

× We used to live in a house that <u>has</u> five rooms and a kitchen.
○ We **used to** live in a house that <u>had</u> five rooms and a kitchen.
　（私たちは、部屋が5つとキッチンが1つある家に住んでいた）

　ただし、主節の動詞が過去形であっても、従属節の内容が変わることのない事実である場合は、通常現在形で表されます。

　Our teacher **taught** us that the Earth <u>rotates</u> around the Sun.
　（私たちの先生は、地球が太陽の周りを回ると教えた）

　この場合には、that節以下は、現在にも通用する「科学的事象や普遍の真理」を述べています。ですから、that節の中の動詞は現在形が正しい形です。

● 活用形の紛らわしい動詞に関する注意

　不規則動詞は、数が限られています。それほど多くありませんし、文法書の巻末には、たいていリストが用意されています。不規則動詞の活用は、すべて覚えるようにしてください。lie（横になる／自動詞）とlay（横にする／他動詞）、see（見る）とsaw（のこぎりで切る）のちがいなどには、特に注意してください。

× Kambe Eigojuku was <u>found</u> in 1993.
○ Kambe Eigojuku was <u>founded</u> in 1993.
　（かんべ英語塾は、1993年に創設された）

× The central bank <u>rose</u> the interest rate to 0.5 percent.
○ The central bank <u>raised</u> the interest rate to 0.5 percent.

（中央銀行は、金利を0.5%に上げた）

3 並列法

　並列法（Parallelism）は文法セクションのまちがい探し問題で出題されやすい項目です。学術書およびTOEFLなどでは形を整えたきれいな並列が好まれることを覚えておきましょう。

● 品詞による並列

a. 動詞

× When I went to Paris, I went shopping, <u>eating</u> at a gourmet restaurant, and met my friends.

○ When I went to Paris, I **went** shopping, <u>ate</u> at a gourmet restaurant, and **met** my friends.
（私はパリに行ったとき、買い物に行き、グルメレストランで食事をし、友人に会った）

　3つの句がカンマで区切られて、最後に ..., and でつながれています。3つの行為（動詞 went と ate と met）の並列と考えましょう。

× I love to go shopping, climb mountains, and <u>swam</u>.

○ I love to **go** shopping, **climb** mountains, and <u>swim</u>.
（私は、ショッピングに行ったり、山に登ったり、泳いだりするのが好きだ）

　love to do（～が好きだ）の不定詞の並列となるので、後続の動詞は原形にします。

b. 形容詞

　pretty、funny など、-y で終わる形容詞は多いですが、いつも形容詞とは限りません。この混同を利用してちがう品詞を含むパターンがあります。

× She is smart, honest, and <u>modesty</u>.

○ She is **smart**, **honest**, and <u>modest</u>.
（彼女は、賢く、正直で、そして、謙虚だ）

　modesty は -y で終わるものの「謙遜、控えめ」などの意味を持つ名詞です。よって

形容詞の並列が問われている上の例では、modesty を形容詞の modest にしなければなりません。

c. 副詞

× Before the final exam, Janet reviewed her class notes carefully, <u>in a thorough manner</u>, and systematically.

○ Before the final exam, Janet reviewed her class notes **carefully**, thoroughly, and **systematically**.
（期末試験前に、ジャネットは授業ノートを慎重に、徹底的に、そして、体系的に見直した）

　ここでは、carefully と systematically にそろえ、thoroughly と副詞を用いるのがよいでしょう。

d. 目的語

× I ate a plate of spaghetti, <u>had</u> three pieces of chicken, and four slices of bread.

○ I ate a plate of spaghetti, three pieces of chicken, and four slices of bread.
（私は、スパゲティを1皿、チキンを3切れ、そして、パンを4枚食べた）

　ate（eat の過去形）の目的語として、spaghetti などの食べ物が並列されています。ですから、had は不要です。

e. 句

　次の例文は be delivered by ～（～で伝えられる）を用いた並列の文です。by email で「E メールで」という意味になります。この場合、不可算の集合名詞として扱われます。そのため、emails と複数形にはしません。

× That breathtaking news was delivered by newspaper, <u>emails</u>, and radio broadcast.

○ That breathtaking news was delivered **by** newspaper, <u>email</u>, and radio broadcast.
（その驚くようなニュースは、新聞、E メール、ラジオ放送で伝えられた）

f. 節

　節の並列に関しては、これまで見てきた品詞の例と異なり、3つもつながる文は少ないでしょう。むしろ、2つの並列で、時制に関係する穴埋め問題が出されることが

よくあります。

Q: Professor Johnson claimed that his discovery **was stolen** and ------------.

× (that) it <u>can</u> make him a fortune.
○ (that) it <u>could</u> have made him a fortune.
　（ジョンソン教授は、彼の発見が盗まれ、その発見は彼に富をもたらしたはずだと主張した）

　科学的事象を述べているわけではないので、時制の一致が必要です。

4 名詞・代名詞

　名詞が「数えられる」か「数えられない」かに焦点を当てた問題は、TOEFLでしばしば出題されます。「このプロジェクトの基本概念（＝concept）は〜だ」というときのconceptはどうでしょうか。「概念」なので、数えられないと思われがちですが、実は、英語では数えられる名詞です。例えば、抽象的な概念と言うなら、an abstract conceptとなります。
　数えられない名詞には、次のような抽象名詞があります。

> honesty（正直）、discovery（発見）、art（芸術）、industrialization（工業化）、beauty（美しさ）、success（成功）、aestheticism（唯美主義）、motivation（動機）

　性質や概念を示す名詞は、通常は複数形にしません。その他、注意したい単数・複数を問う問題には、次のようなものがあります。

● 特殊な複数形に変化する名詞

× A dog has strong <u>tooth</u>.
○ A dog has strong <u>teeth</u>.
　（犬は、強い歯を持っている）

　最初の文の問題点は、①犬には通常、複数の歯があること、そして、②仮にtoothが正しいにしても、その場合は冠詞のaが抜けていることです。不規則変化をする名詞の複数形を問う問題もよく出題されます。tooth（歯）は単数形で、複数形はteethです。このように他にも特殊な不規則変化をする名詞としては、「child（単）→ children

（複）」や「phenomenon（単）→ phenomena（複）」などがあります。

　また、可算・不可算名詞の区別がつきにくいものに関しては、冠詞や形容詞をよく見てください。例えばmany colorとなっていた場合には、manyは可算名詞に対応する形容詞であるためmany colorsにしなければなりません。

● 数詞と結びついて形容詞的な用法に変化する名詞

× We have a <u>12-years-old</u> child.
○ We have a <u>12-year-old</u> child.
　（私たちには、12歳の子どもがいる）

　上の例のように、数詞と名詞を「-(ハイフン)」でつないだときには、形容詞の扱いとなり、複数形にしません。

● 比較対象の文で名詞の代わりになるthat（those）

× The wedding receptions of Japanese are usually more expensive than <u>that</u> of Americans.
○ **The wedding receptions** of Japanese are usually more expensive than <u>those</u> of Americans.
　（日本人の結婚披露宴は通常、アメリカ人のものより高額だ）

　複数形のwedding receptionsを比較対象としています。それを代名詞で表すのですから、thoseと複数形にしなくてはなりません。

　この知識は、リーディング・セクションの指示代名詞が指すものを問う問題や、iBTの文章挿入問題(挿入文中の代名詞が単数形か複数形かを手がかりにする場合)を解く際にも使えます。

5　形容詞

　形容詞の用法に関して、注意が必要なものをあげておきます。

● 注意したい形容詞と副詞の誤用

× The future of the organization looks <u>badly</u>.
○ The future of the organization **looks** <u>bad</u>.
　（その組織の将来は悪いように思える）

×　This shirt feels <u>tightly</u>.

○　This shirt **feels** <u>tight</u>.
（このシャツはきつめに感じる）

　五感（見る、聞く、触る、かぐ、味わう）に関する動詞（感覚動詞）look、hear、feel、smell、tasteは、形容詞を補語として伴ってSVCの文を作ります。例文では副詞を形容詞にするのが正しい形です。

●「（Being ＋）形容詞」の分詞構文

×　<u>Importance</u> as natural resources, natural gases supply energy.

○　<u>Important</u> as natural resources, natural gases supply energy.
（天然資源として重要な天然ガスは、エネルギーを供給する）

　難易度の高い形容詞の問題として、分詞構文を絡ませるものがあります。上の例は文頭にbeingが省略されています。分詞構文によって形容詞が主格を修飾するのですが、分詞構文だと気づかなければ混乱してしまうおそれがあります。覚えておきましょう。

● 形容詞と名詞の語順を問う問題

×　In many countries, famine can be lessened by augmenting <u>the power purchasing</u> of the destitute.

○　In many countries, famine can be lessened by augmenting <u>the purchasing power</u> of the destitute.
（多くの国では貧困層の購買力を増大させることにより、飢餓を和らげることができる）

　ノーベル経済学賞受賞のアマルティア・セン教授の言葉を言い換えました。ここで、the purchasing powerのpurchasingは現在分詞で、powerを修飾する形容詞的な働きをしています。

　他にも、語順を問う問題として、次のような例があります。

×　the <u>field gravitational</u>

○　the <u>gravitational field</u>
（重力場）

6 副詞

副詞の用法に関して、注意点をあげておきます。

● 意味のまぎらわしい副詞

次の例を見てみましょう。

> Students are studying hard for the final exam.
> （学生たちは、期末試験のために一生懸命勉強をしている）

hard はここでは副詞として使われています。しかし、「hard の副詞形は hardly ではなかったかな」と思う人もいるでしょう。そう考えた人は、hardly を辞書で引いてください。hardly は「ほとんど〜ない」という意味の副詞です。

このように形容詞に -ly をつければ、なんでもそのままの意味の副詞になるというものではありません。他にも -ly をつけることによって意味が変化するものがあります。以下に例をあげました。(2) や (3) のように倒置されている語を探す穴埋め問題も出題されます。

（1）I can hardly play the piano.
　　（私は、ピアノがほとんど弾けない）
（2）Barely does Tom come to our apartment.
　　（トムは私たちのアパートにはめったにやって来ない）
（3）Rarely have I seen him.
　　（私は彼にほとんど会っていない）

なお、形容詞との混同を意図し、副詞が名詞を修飾する文のまちがい探し問題もよく出題されます。

× I saw a spherically building.
○ I saw a spherical building.
　　（私は、球状の建物を見た）

名詞を修飾するのは形容詞です。上の文は、短く単純な構造ですが、並列法を使った長い文は、文構造がわかりづらくなりますので、気をつけてください。

● 形容詞と同形のもの

形容詞と副詞が同形のものはけっこうあります。

(1) He is a <u>fast</u> runner.　［形容詞］
　　（彼は俊足ランナーだ）
　　He runs <u>fast</u>.　［副詞］
　　（彼は速く走る）
(2) It is never too <u>late</u> to mend.　［形容詞］
　　（改めるのに遅いということはない＝ことわざ）
　　He came home pretty <u>late</u>.　［副詞］
　　（彼はかなり遅く帰宅した）

● goodとwell

　goodとwellは文中で用いられると混同することがあります。goodが形容詞で well が副詞です。

× He is a <u>well</u> guitar player.
○ He is a <u>good</u> guitar player.
　　（彼は良いギター弾きだ）

× He dances <u>good</u>.
○ He dances <u>well</u>.
　　（彼は上手に踊る）

7　接続詞

　「語と語」、「句と句」、「節と節」のように文法的に同じ種類のものを対等の関係で結びつけているものを等位接続詞といいます。等位接続詞には、and、but、or、nor などがあります。

　他にも慣用表現として知られている［not only A but also B］（A だけではなく B も）や［either A or B］（A か B かどちらか）などの相関接続詞、さらには、that、if、whether などの名詞節を導く従位接続詞や、while、as soon as、since、where などの副詞節を導く従位接続詞などがあります。

　それぞれの概要を見てみましょう。

● 等位接続詞

(1) I went shopping and skating.
（私は買い物とスケートをしに行った）
(2) I love you, but I cannot marry you.
（私はあなたを愛している。しかし、結婚できない）

　これらが一般的な使い方です。まちがい探し問題では、動詞を名詞や形容詞など と混同させるために、次のような問題が出題されることがあります。

× Simon Newcomb, a celebrated astronomer of the 19th century, often outspokenly criticized public policies or refusal to accept the prestige.
○ Simon Newcomb, a celebrated astronomer of the 19th century, often outspokenly **criticized** public policies **or** refused to accept the prestige.
（19世紀の高名な天文学者のサイモン・ニューコムは、しばしば遠慮なく公共政 策を批判したり、あるいは名声を得ることを拒否したりした）

　この例文ではorを接続詞として用いています。主語はSimon Newcombですか ら、彼がcriticized（批判した）という行為と、名声を得ることを拒否したという行為 をどちらも動詞で表す必要があります。

● 相関接続詞

Not only you but also I **am** tired.
（君だけではなく、私も疲れている）

　not only A but also Bが主語の場合、動詞の形は後者の名詞に合わせなければな りません。また、alsoは省略可能ですが、butは省略できません。
　それでは例を見てみましょう。

× Floridian aquifers **not only** supply abundant water and nourish a recreational industry.
○ Floridian aquifers **not only** supply abundant water but also nourish a recreational industry.
（フロリダの帯水層は豊富な水を供給するだけでなく、レクリエーション産業を 支えている）

　このようにbut alsoの代わりにandなどを挿入して、まちがい探しをさせること

があります。

　TOEFL ITPで頻出する相関接続詞には、他にも次のようなものがあります。

---

either A or B（AかBかどちらか）
neither A nor B（AもBもどちらも〜ない）
both A and B（AもBも）
A as well as B（BだけでなくAも）

● 名詞節を導く従位接続詞

(1) I heard <u>that</u> you won the game.
　　（私は君が試合に勝ったと聞いた）
(2) Do you know <u>whether</u> Cathy will come?
　　（キャシーが来るかどうかわかりますか）
(3) I will let you know <u>if</u> Tom doesn't come.
　　（トムが来ないときは君に知らせよう）

　いずれの場合にも動詞の目的語が節となっています。
　頻出パターンとして、announce（〜を公表する）、state（〜を述べる）、claim（〜を要求する）などの動詞の目的語として後に続く名詞節に、which を用いる誤法があります。いずれも that が正解です。

× Professor James announced <u>which</u> he would establish a new department of biotechnology.
○ Professor James **announced** that he would establish a new department of biotechnology.
　（ジェームズ教授は、バイオテクノロジーの新しい学部を創設すると告げた）

× John Ostrom, a Yale University paleontologist, proclaimed <u>which</u> there were many anatomical similarities between archaeopteryx and dinosaurs.
○ John Ostrom, a Yale University paleontologist, **proclaimed** that there were many anatomical similarities between archaeopteryx and dinosaurs.
　（イェール大学の古生物学者であるジョン・オストロムは、始祖鳥と恐竜には解剖学的な類似点が多いと主張した）

　that は「〜ということ」という意味の名詞節をつくり、announce や proclaim（〜を宣言する）の目的語となっています。

● 副詞節を導く従位接続詞

× I haven't seen Jim since <u>graduating</u> from university.
○ I haven't seen Jim **since** <u>we graduated</u> from university.
　（私は大学を卒業して以来、ジムに会っていません）

　この問題ではSVの節をつくる必要があります。since以下の節内の動詞には過去形を使い、主節の動詞は完了形にすることが多いです。
　副詞節を導く従位接続詞の他の例をあげておきます。

(1) I cannot attend the meeting <u>because</u> I have the flu.
　　（流感にかかったので、会議に出席できません）
(2) The criminals escaped <u>while</u> the police officers were asleep.
　　（警官たちが寝ている間に、犯罪者たちは逃げた）
(3) I came here <u>as soon as</u> I heard the news.
　　（私はそのニュースを聞いてすぐ、ここにやってきた）

　また、従位接続詞には、慣用的用法のas soon as（〜するとすぐに）なども含まれます。

8 冠詞

冠詞はわかりづらいので、実際に問題を解いて慣れるのがよいでしょう。

● 不定冠詞 —— a か an か

　不定冠詞がaかanかを問う問題が出際されることがあります。語頭がa、i、u、e、oのアルファベットで始まる可算名詞が、すべてanになるわけではありません。aかanかは、発音によって決まります。例えば、universityのuは、発音記号上、子音＋母音/ju/ですので、<u>a</u> universityとなります。uniformも同じです。

× A clerk was wearing <u>an</u> uniform.
○ A clerk was wearing <u>a</u> uniform.
　（店員はユニホームを着ていた）

237

● 成句としての the

at the rate of four percent（4％の率で）のように、速度や割合を表すatの後の名詞には、通常定冠詞のtheがきます。at the speed of light（光の速度）やat the speed of sound（音の速度）も同様です。しかし、次の例のように変化する「速さ」や「速度」を表す場合には、不定冠詞を用います。at a rapid rate（速い頻度で）も同様です。

× A car went by at speed of 60 miles per hour.
○ A car went by at a speed of 60 miles per hour.
　（車は、時速60マイルのスピードで走り去った）

なお、定冠詞や不定冠詞以外にthisなどを使用することもできます。

We won't finish the project on time at this rate.
（この調子ではこのプロジェクトを終わらせられないだろう）

● 年代

年代に関しては、次のように、定冠詞をつけます。

× In mid-1930s, New York was a mecca for jazz musicians.
○ In the mid-1930s, New York was a mecca for jazz musicians.
　（1930年代中頃、ニューヨークはジャズ演奏家の中心地だった）

× During Great Depression, many people lost their jobs.
○ During the Great Depression, many people lost their jobs.
　（大恐慌時、多くの人々が職を失った）

他にも、periodなどには定冠詞、あるいはthisやthatなどがつきます。

● 河川、大洋、橋など

河川や太平洋、大西洋、橋などの固有名詞で次のような普通名詞を伴うものには、通常定冠詞をつけます。

× Many settlers went to the United States by crossing Atlantic Ocean.
○ Many settlers went to the United States by crossing the Atlantic Ocean.
　（多くの開拓者たちは、大西洋を渡って合衆国にやってきた）

× <u>Bering Land Bridge</u> was the migration route between Asia and America during the Ice Age.

○ <u>The Bering Land Bridge</u> was the migration route between Asia and America during the Ice Age.

（ベーリング地峡は、氷河期にアジアとアメリカを結ぶ移動ルートだった）

● 最上級のthe

比較級のところでも触れますが、最上級には必ず定冠詞をつけてください。この最上級のtheは、出題頻度が高い問題です。

× He chose <u>a</u> best coat in the shop.

○ He chose <u>the</u> best coat in the shop.

（彼は、店で一番良いコートを選んだ）

ただし、2つを比較する場合や［the more～, the better～］構文では、定冠詞がついていても最上級とはなりません。

冠詞の問題は見極めが難しいので、消去法を用いて選択肢を確実に絞った上で「もしかしたら冠詞の問題かな」と、考えるのがよいでしょう。

9 関係詞

関係詞とは、一般に節を導き、その節全体で「先行詞」と呼ばれる名詞を後ろから修飾するものです。先行詞にはwho、which、thatなどがあります。

● whoとwhichの誤用

× There are many people <u>which</u> became interested in soccer because of the 2006 World Cup.

○ There are **many people** <u>who</u> became interested in soccer because of the 2006 World Cup.

（2006年ワールドカップのおかげで、サッカーに興味を持つようになった人がたくさんいる）

many people を関係詞節が後ろから修飾しています。「人」が先行詞の場合は、関係代名詞はwhoを用いるのが一般的です。

● 所有格

× I have several friends <u>which</u> first language is French.

○ I have several **friends** <u>whose</u> first language is French.
（私には、フランス語を第一言語とする数名の友人がいる）

　関係代名詞の所有格の用法を問う問題です。先行詞が「人」である場合には、whose を用います。先行詞が「もの」で、所有格として用いる場合には of which あるいは whose を使用します。

● **which**と**that**の誤用

　通常は先行詞が「もの」であれば、それを説明する関係代名詞は which でも that でもかまいません。しかし、句や節、あるいは文全体を先行詞とし、カンマを置いて追加的な説明を行う場合は which を用います。

× Tom broke the window, <u>that</u> will get him into trouble.

○ **Tom broke the window**, <u>which</u> will get him into trouble.
（トムは窓を壊したが、そのことで彼は問題に巻きこまれるだろう）

　この文のように、特に接続詞もなく、1文の中で「トムが窓を壊した」という行為が「彼を問題に巻きこむだろう」と補足して説明されている場合には、必ず which を用いてください。

● ［前置詞＋**which**］

　次の例では、関係代名詞 which は前置詞の目的語になっています。［前置詞＋which］の用法が正しいかどうかを見極める手順を見ていきましょう。

× ABC publications provide textbooks <u>to which</u> students can acquire a better understanding of English.

○ ABC publications provide **textbooks** <u>by which</u> students can acquire a better understanding of English.
（ABC出版は、学生が英語に関してより高い理解を持てるようなテキストを提供している）

　which 以下の節を主語にすると、Students can acquire a better understanding of English <u>by the textbooks that</u> ABC publications provide. となります。よって、by which が正しい用法です。

次の例も見てみましょう。

× ABC Company established the very high mission <u>which</u> employees make an effort.
○ ABC Company established **the very high mission** for (with/through) <u>which</u> employees make an effort.
（ABC社は、従業員がそれに向かって努力をするような非常に高いミッションを掲げた）

先行詞the very high missionに前置詞for（〜に向かって）と関係代名詞whichがつく形です。Employees make an effort <u>for the very high mission that</u> ABC Company established. と考えます。

なお、前置詞がつく関係代名詞はwhichだけで、thatにはつきません。以下を参照してください。

× Hummingbirds hover, looking for sources of the nectar <u>on that</u> they feed.
○ Hummingbirds hover, looking for sources of the nectar <u>on which</u> they feed.
または、
○ Hummingbirds hover, looking for sources of the nectar <u>which</u> they feed <u>on</u>.
（ハミングバードは、食餌にするミツの源を探すために旋回する）

ただし、次のような場合には注意しましょう。

Professor Johnson is the most suitable person to chair the committee, <u>in that</u> he understands the problem better than anyone else in the school.
（ジョンソン教授は、委員会の委員長を務めるのに最適な人物だ。というのも、彼は、学校の誰よりもその問題について理解しているからだ）

この文章にまちがいはありません。この場合のin thatは「……なので、……という点において」という意味で接続詞的な用法です。関係代名詞ではありません。まちがえないようにしましょう。

● in which と where

先行詞が場所を示す場合、関係副詞whereを用います。基本的に関係副詞は［前

置詞＋関係代名詞] と同じ意味になります。

At the top of the hill there is a small house <u>in which</u> our family lived.
= At the top of the hill there is **a small house** <u>where</u> our family lived.
（丘の上には、私たちの家族が住んでいた小さな家があります）

● 疑問詞と混同しやすい関係詞

　文法セクションの穴埋め問題では、選択肢に疑問詞を用いた文（または節）を入れることによって、受験者の誤答を誘う設問があります。

Q: Pomo basketry is one of the crafts ------------
× which <u>have Native Americans</u> maintained over the centuries.
○ which <u>Native Americans have</u> maintained over the centuries.
　　（ポモ族のカゴ細工は、ネイティブアメリカンが何世紀にもわたって持続してきた工芸の1つだ）

　ここでのwhichはthe crafts を先行詞とする関係代名詞です。

Q: ------------ has been designated as an endangered species.
× What <u>do we call</u> the blue whale
○ What <u>we call</u> the blue whale
　　（いわゆるシロナガスクジラは、絶滅危惧種に指定されている）

　what we call ～ は「われわれが～と呼ぶもの、いわゆる」という意味です。このwhat は the thing(s) which(that) ～（～すること／もの）という意味の、先行詞のない特殊な関係代名詞です。

10　動詞

　動詞は、自動詞、他動詞をはじめとして、いくつかに分けて整理することができます。それぞれを順に見ていきましょう。

● 自動詞

　主語が目的語（格）を伴わずに、主体的・自発的に何らかの行為をする場合に使います。次のような例がこれに相当します。

（1）I <u>went</u> to school.（私は学校に行った）

（2）The unemployment rate will <u>decrease</u> next year.（失業率は、来年下がるだろう）

● 他動詞

こちらは目的語を伴う動詞です。(3)のように、受動態になる動詞は他動詞です。

（1）<u>I called him</u> last night.（私は昨晩、彼に電話した）

（2）Soldiers <u>raised / hoisted the national flag</u> when they seized the territory.
　　（兵士たちは、その領土を占領したときに国旗を掲揚した）

（3）A lot of property <u>was damaged by</u> Typhoon 15.（多くの家屋が台風15号によって被害を受けた）

● 自動詞としても他動詞としても働く動詞

自動詞としても他動詞としても使える動詞があります。こうした動詞は非常に多いため、次の項目で説明する分詞構文のときに気をつけなければなりません。

（1）自動詞　Everyone needs to <u>guard</u> against fires.（みんなが火災に気をつける
　　　　　　必要がある）

（2）他動詞　Policemen <u>guarded</u> the criminals.（警察官は犯罪者を警護した）

（3）自動詞　My voice <u>carries</u> pretty well.（私の声はよく通る）

（4）他動詞　The vessel <u>carried</u> cargo to Boston.（その船はボストンに荷物を運んだ）

多くの動詞がこのように自動詞と他動詞の役割を同時に持ちます。また、同形で名詞として使う動詞もあります。他動詞と自動詞の区別は、文脈で判断するのが一番早いでしょう。疑問に思ったときは、すぐに辞書で調べてください。

● 使役動詞

目的語と補語を伴って、「Oに〜させる」という意味を表す動詞を使役動詞といいます。例を見てみましょう。

（1）**Let** it <u>be</u>.（なすにまかせよ）※ビートルズの有名な曲名にもなっています

（2）Mary's father **made** her <u>go</u> to school.
　　（メアリーの父親は彼女を学校に行かせた）

（3）I **had** my wife <u>buy</u> some tea.（私は妻に紅茶を買わせた）

（4）I **helped** him <u>get up</u>.＝I **helped** him <u>to get up</u>.

（私は彼が起きるのを手伝った、起こした）
(5) My father **got** me <u>to apply</u> to Harvard.
　　（私の父は、私をハーバードに出願させた）

　(1)〜(3)のlet、make、haveは目的語の後に動詞の原形を伴います。(4)のhelp
は、動詞の原形または不定詞を取ります。(5)のgetは必ず不定詞を伴います。

● 不定詞と結びつく動詞、動名詞と結びつく動詞

　「〜することを……する」と言いたい場合、通常は不定詞で「〜すること」を表し、動
詞の目的語とします。しかし、中には動名詞だけを目的語に取る動詞があります。出
題頻度としては低いのですが、覚えておいてください。次のような動詞がこれに該
当します。

admit（認める）、appreciate（感謝する）、avoid（避ける）、consider（熟考する）、
deny（否定する）、enjoy（楽しむ）、finish（終える）、keep（続ける）、
mind（気にする）、quit（やめる）、stop（止める）

×　I enjoy <u>to play</u> tennis.
○　I **enjoy** <u>playing</u> tennis.
　　（私はテニスを楽しむ）

×　Let's finish to play basketball.
○　Let's **finish** <u>playing</u> basketball.
　　（バスケットボールを終わりにしよう）

　動詞句の目的語に動名詞を取るものもあります。

approve of（賛同する）、insist on（主張する）、keep on（し続ける）、look forward
to（楽しみにする）、think of（考える）

×　I'm looking forward <u>to see</u> you.
○　I'm **looking forward to** <u>seeing</u> you.
　　（あなたにお目にかかるのを楽しみにしています）

┃┃　分詞構文・分詞

　分詞構文は、分詞の導く句がカンマで区切られ、文中で主節の内容に対し副詞の働きをしている文です。「〜しながら、〜して」と2つのことが同時に並行して行われる様子や、「〜(な)ので」と原因・理由を示します。

　まずは分詞構文の基本的な働きを確認し、その後、分詞構文と並んで出題頻度の高い分詞を見ていきましょう。

● 現在分詞(-ing形)で表す場合

a. 現在に関して「……しながら(〜する)」

Eating doughnuts, we **are walking** along the river.
(私たちはドーナツを食べながら、川沿いを歩いている)

b. 過去に関して「……しながら(〜した)」

Carrying heavy textbooks, Professor Johnson **walked** into the classroom.
(重いテキストを運びながら、ジョンソン教授は教室に入ってきた)

c. 文の動詞の表す「時」より前の時を表す場合

Having had a four-hour discussion, the committee members **were** exhausted when they **left** the room.
(4時間の討論をしたので、委員会のメンバーたちは部屋を出るときには疲れ切っていた)

　上の例のように、述語動詞の表す「時」より前の時を表す場合、having をつけて完了形にします。この文を分詞構文以外で言い換えると次のようになります。

Because they had had a four-hour discussion, the committee members were exhausted when they left the room.

● 過去分詞で表す場合

　分詞構文の場合、受動態は本来[being+過去分詞]、[having been+過去分詞]の形になりますが、次の例のように文頭ではbeingやhaving beenを省略することができます。

(Having been) Caused by extremely heavy rainfall, the floods washed away over 500 homes.

（極めて激しい雨により生じた洪水は、500戸以上の家を流し去った）

●「(Being ＋)形容詞」の分詞構文

形容詞が突如として文頭や節の最初にくることがあります。これは、being の省略（あるいは as it is の省略形）と考えられます。例文を見てみましょう。

(Being) <u>Obscure and exotic,</u> **the films** of Andy Warhol <u>show</u> his unique aesthetic as a leader of the Pop Art movement.
（あいまいでエキゾチックなアンディー・ウォーホルの映画は、ポップ・アート運動の旗手である彼の特殊な審美眼を示している）

文の主語は the films です。その the film について説明しているのが文頭の Obscure and exotic です。文頭にきていますから、being が省略された分詞構文と考えることができます。

Being を省略した分詞構文は、文法セクションでよく出題されるので再確認しておきます。

× <u>Exhausting</u> from work, I soon fell asleep.
○ (Being) <u>Exhausted</u> from work, I soon fell asleep.
（仕事で疲れ切って、すぐに眠りに落ちた）

また、難易度の高い問題では when を用いるケースがあります。

× <u>When to dry</u>, the seaweed starts to ferment and produce amino acids.
○ <u>When (it is) dried</u>, the seaweed starts to ferment and produce amino acids.
（乾燥させると、海藻は発酵作用を始め、アミノ酸をつくる）

● 名詞を修飾する分詞

次の例では分詞が後ろから名詞を修飾しています。これを「後置修飾」と呼びます。

a. [名詞＋現在分詞]

Mr. Johns <u>planting</u> flowers in his garden, noticed the stranger.
（庭に花を植えていたジョーンズ氏は、見知らぬ人に気づいた）

b. [名詞＋過去分詞]

The student body president, (who was) <u>elected</u> by an overwhelming majority, announced that she would advocate the radical reform of scholarship programs.

（圧倒的多数で選ばれた学生会の議長は、奨学金プログラムの革新的な改革を支持すると発表した）

12 文の倒置

　倒置も比較的よく出題されます。倒置が起きているかどうかを見極めるには、動詞がポイントとなります。ここからは、平叙文で通常用いられる語順とのちがいを中心に見ていきましょう（仮定法で起きる倒置については、「仮定法」の項目で説明します）。

● 倒置の形

a. 現在形の場合

［通常］　Tom rarely comes to meetings.

［倒置］　**Rarely** does Tom come to meetings.
　　　　（トムはめったに会議に出ない）

　rarely（めったに～ない）などの否定語句を文頭に出すと、主語と動詞の倒置が起こります。このとき、下線部のように疑問文と同じ語順になります。

b. 過去形の場合

［通常］　Tom barely made it to the meeting.

［倒置］　**Barely** did Tom make it to the meeting.
　　　　（トムは辛うじて会議に間に合った）

c. 過去完了の場合

［通常］　Tom had seldom come to meetings **during** his presidency of the student body.

［倒置］　**Seldom** had Tom come to meetings during his presidency of the student body.
　　　　（トムは学生会の議長を務めている間、めったに会議に来なかった）

　「学生団体の代表を務めている間」という継続した時間を示すduringがあるので、過去完了の文です。seldom（めったに～ない）が文頭に来た後、主語と動詞は倒置さ

れています。

● さまざまな倒置

倒置のバリエーションには、次のようなものがあります。

a. 否定的な要素が文頭にくる場合

(1) **Not only** did Tom break the window, but he also stole our money.
（トムは窓を壊しただけでなく、私たちのお金を盗んだ）

(2) **Rarely** does Michel attend the class.
（ミッシェルは、めったにクラスに来ない）

(3) **Never** have I thought that you were such a timid person.
（君がそんなに臆病な人間だとは思わなかった）

b. 「〜もまた同様である」という意味を表す場合

President Lincoln was eloquent, and **so** were other presidents.
（リンカーン大統領は雄弁だった。そして、他の大統領たちも雄弁だった）

c. 主語が長いSVCの文の場合

主語が長い場合には、補語のCを文頭に出して、動詞と主語が倒置することがあります。例文を見てみましょう。

○ Essential to rational thinking is **the ability** to analyze, picture, and structure coherently.
（分析し、思い描き、統一的に組み立てる力は、合理的思考に不可欠だ）

ただし、必ずしも倒置を行わなければならないわけではありません。この文章を次のように通常の語順にすることもできます。

The ability to analyze, picture, and structure coherently is essential to rational thinking.

ある程度倒置構文が理解できたと思いますので、ここで実際の出題形式を見てみましょう。

Q: Not until the 1990s ------------ widespread.

× email became

○ did email become

（e メールは1990年代まで広がらなかった）

まちがい探し問題でも倒置構文は出題されやすいので気をつけましょう。

× The Pilgrims went to the New World to find their utopia, and so <u>were many other emigrants</u>.
○ The Pilgrims **went** to the New World to find their utopia, and **so** <u>did many other emigrants</u>.
（ピルグリムたちは、ユートピアを求めて新大陸に行った。そして、他の多くの移民たちも新大陸に行った）

他の多くの移民たちも同様に新大陸（アメリカ）に「行った」のですから、be動詞ではなく一般動詞のgoの過去形を示さなければなりません。ですから、didになるわけです。

13 仮定法

仮定法は、（1）現在の事実と異なる願望（仮定法過去）、（2）過去の事実と異なる想像（仮定法過去完了）に大別できます。
より高スコアを目指し、留学に向けたライティングの基礎能力を向上させるには仮定法の運用能力が不可欠です。

● 仮定法過去

話し手が現在の事実や状況と異なる事柄を「もし〜なら」と述べる場合、if節に動詞の過去形を用い、主節にはwould（could/might）などの助動詞の過去形を用います。つまり、現実とは異なる「時の形」で、話し手の願望を示しているのです。「仮定法過去」という言葉に惑わされないようにしてください。内容はあくまでも「現在」のことを述べているのです。

If I <u>had</u> enough money, I <u>would invest</u> in the stock market.
（十分なお金があれば、株式市場に投資するだろう）
If I <u>were</u> to study psychology, I <u>would be able to</u> understand other people's behavior.
（心理学を勉強したなら、他人の行動が理解できるだろう）

● 仮定法過去完了

過去の事実や状況と異なることを想像して、「もしあのとき〜だったら」と述べるときは、仮定法過去完了を使います。

If computers had not been invented, people would have continued to use regular mail frequently.
（コンピューターが発明されていなければ、人々は頻繁に通常郵便を使っていただろう）

● 仮定法の倒置

特殊な用法です。文法セクション以外ではリスニング・セクションによく出題されます。

Were it not for your help, I would not be able to use a computer.
（君の助けがなければ、私はコンピューターを使えないだろう）

ここでは条件節の接続詞ifが省略されています。改まった表現で、主に文章で用いられます。これを書き換えると次のようになります。

If it were not for your help, I would not be able to use a computer.

リスニング・セクションで問われたときは、「（〜の助けにより）コンピューターを使えるのだ」という意味の選択肢が正解となります。

Had Mike had business sense, he would have made a fortune with his invention.
（マイクに経営センスがあったなら、彼は自分の発明でお金持ちになっていただろう）

この文章を通常の語順にすると、次のようになります。

If Mike had had business sense, he would have made a fortune with his invention.

実際には、マイクには経営センスがなかったために、せっかくの発明を富に結びつけることができなかったことがわかります。

● その他の仮定法

　動詞 wish は願望を表す表現で、続く節の中では仮定法が用いられます。例えば、次のように be 動詞の場合は were になります。リスニング・セクションでは出題頻度が高い表現です。注意して聞くことが重要です。

　　I wish I were smart enough to understand his lecture.
　　（彼の講義を理解できるほど頭が良ければよかったのに）
　　I wish I had gone to the party.
　　（パーティーに行けばよかった）

　過去にしなかったことを悔やんだり、残念な気持ちを表したりするときは、仮定法に過去完了形を用います。

14　比較級と最上級

● 比較級

比較級では比較対象を問う問題が頻出します。比較対象を正確に見分けましょう。

× Mary is smarter than students in the class.
○ Mary is smarter than any other student in the class.
　（メアリーは、クラスの他の生徒より賢い）

　Mary との比較対象は「彼女以外の生徒」です。students だけだとメアリーも含まれることになるので、any other student（他の生徒）または the other students とします。ちなみに比較級の any other に続く名詞は基本的に単数形です。「他のどの生徒よりも」という意味合いになります。ただし、文の主語が複数形の場合は、複数形になることもあります。

× The elephants in our zoo are fed better than the ABC Zoo.
○ The **elephants** in our zoo are fed better than those in the ABC Zoo.
　（私たちの動物園の象は、ABC 動物園の象よりも栄養が行き届いている）

　The elephants（象）を比較しているので、than の後には対象となる「象」を示す（代）

名詞が入らなくてはなりません。複数形の指示代名詞thoseが比較の対象として入ります。

× The climate here is more humid than San Francisco.
○ The **climate** here is more humid than that of San Francisco.
（ここの気候は、サンフランシスコより湿気が多い）

　気候を比べているのですから、サンフランシスコという「都市」とは比べられません。口語では使っている人をよく見かけますが、文法上は誤りであることを心に留めておきましょう。

● **最上級**

　最上級は、通常3者以上のものを比較して、最も程度が高いことを表します。例を見てみましょう。

(1) Tokyo is the liveliest city in the world.
　　（東京は世界で最も活気がある都市だ）
(2) Tokyo is one of the liveliest cities in the world.
　　（東京は世界で最も活気のある都市の1つだ）

　東京だけでなく、他にもニューヨークやロサンゼルスなど、活気を帯びた都市が存在します。「最高の部類に属するものの1つ」という表現では、最上級に続く名詞は複数形になります。
　ここで、まちがい探しの例を見てみましょう。

× Helen is one of the smartest student in the class.
○ Helen is **one of the** smartest students in the class.
　　（ヘレンは、クラスの中で最も賢い生徒の1人だ）

　他にも優秀な生徒がいるわけですから、one of the ～の名詞は、必ず複数形にしなければなりません。

● **比較級、最上級の不規則変化**

　あらためて不規則変化をする形容詞と副詞の例を確認しておきましょう。

原形		比較級		最上級
little 形 少しの	⇒	less	⇒	least
good 形 よい／well 副 よく	⇒	better	⇒	best
bad 形 悪い	⇒	worse	⇒	worst
many、much 形 多くの	⇒	more	⇒	most

　これらは、文法セクションで出題されやすい部分です。例えば以下のように、比較級と最上級を混同させた問題が出されます。

× least ... than
○ less ... than

15 頻出する構文

　ここで文法セクションに頻出する構文を確認しておきましょう。

● [The ＋比較級, the ＋比較級]構文

　「～であればあるほど、それだけいっそう……だ」という意味です。例文を見てみましょう。

　The more you study, the higher your grades will be.
　（勉強すればするほど、君の成績は上がるだろう）

　特にTOEFL ITPでは、次のような穴埋め問題が頻出します。

Q: The lower ------------ is, the more easily the real estate agency can find a buyer.

× housing price
○ the price of a house
　（家の価格が下がれば下がるほど、不動産屋はより簡単に買い手を探すことができる）

　まず、「The ＋比較級, the ＋比較級」の英文であることを見抜き、落ち着いて主語

にふさわしい語句を選びましょう。1つ目の選択肢も、定冠詞をつけたthe housing price ならば、文法的には正解となります。

● [so ～ that ...]構文

　[so+形容詞／副詞+that ...]で「大変～なので……だ」という結果・程度を表します。肯定的にも否定的にも使われ、文法セクションに出題されやすい構文です。

× Our Christmas decorations were so superb as well as all the neighbors came to see them.
○ Our Christmas decorations were so superb that all the neighbors came to see them.
　（私たちのクリスマスのデコレーションがとても素晴らしかったので、近所の人たち全員が見に来た）

● [too ～ to ...]構文

　[too+形容詞／副詞+ to do]で「あまりに～なので、……できない」という結果・程度を表します。so ～ that ... 構文と似ていますが、意味は否定的になります。

× I was much tired to study last night.
○ I was too tired to study last night.
　（私は、あまりに疲れていたので、昨晩は勉強できなかった）

● [it is/was ～ that ...]構文

　強調構文は一番に伝えたい部分を「～」に持ってくる特殊な構文の一種です。

× It was not until we got to the museum which we found out it had closed the year before.
○ It was not until we got to the museum that we found out it had closed the year before.
　（私たちは博物館に着いて初めて、そこが1年前に閉館されたことを知った）

　強調するものが「人」の場合は、thatの代わりにwho を用いることもあります。

× It was Mary whose received the honor.
○ It was Mary who received the honor.
　（その賞を受けたのはメアリーです）

254

Chapter 8

これだけは覚えておきたい

重要語句150

意味を知っておくべき重要な単語と熟語のリストです。音声を活用し、発音とセットで覚えましょう。

※難易度：
★簡単(500点レベル)
★★普通(550点レベル)
★★★難しい(550点以上レベル)

1 ☐☐☐	**readable** /ríːdəbl/	形 読みやすい、読んでおもしろい	▶p.97	★★
2 ☐☐☐	**audition** /ɔːdíʃən/	名 オーディション	▶p.98	★
3 ☐☐☐	**vet** /vét/	名 獣医師 =veterinarian	▶p.111	★★
4 ☐☐☐	**tuition** /tjuːíʃən/	名 授業料、指導	▶p.114	★
5 ☐☐☐	**right off the bat**	すぐに	▶p.114	★★★
6 ☐☐☐	**accommodation** /əkàːmədéɪʃən/	名 宿泊施設、便宜	▶p.114	★★
7 ☐☐☐	**generator** /dʒénərèitər/	名 発電機、発生器	▶p.118	★★
8 ☐☐☐	**topography** /təpágrəfi/	名 地形(学)、地形図	▶p.118	★★
9 ☐☐☐	**ridge** /rídʒ/	名 尾根、背筋	▶p.118	★★
10 ☐☐☐	**aesthetic** /esθétik/	形 美の、美学の、審美眼のある、感覚的な	▶p.118	★

11 ☐☐☐	**territorial** /tèrətɔ́:riəl/	形 領土に関する、地域的な、一地域の、土地の	▶p.58	★★
12 ☐☐☐	**amend** /əménd/	動 〈議案などを〉修正する、改正する	▶p.58	★
13 ☐☐☐	**embargo** /imbά:rgou/	名 通商停止、出入港の禁止命令	▶p.58	★★
14 ☐☐☐	**inauguration** /inɔ̀:gjuréiʃən/	名 就任(式)、発会、開業・落成(式)	▶p.58	★
15 ☐☐☐	**metamorphosis** /mètəmɔ́:rfəsis/	名 変態、変形	▶p.59	★★
16 ☐☐☐	**preservation** /prèzərvéiʃən/	名 保存、貯蔵、防腐	▶p.61	★
17 ☐☐☐	**deliberation** /dilìbəréiʃən/	名 熟考、熟慮	▶p.61	★★
18 ☐☐☐	**renowned** /rináund/	形 有名な、名高い	▶p.63	★
19 ☐☐☐	**interactive** /intərǽktiv/	形 対話式の、双方向の、インタラクティブな	▶p.63	★
20 ☐☐☐	**disclose** /disklóuz/	動 ～を暴露する、明らかにする	▶p.63	★★

21 □□□	**ingenious** /indʒíːnjəs/	形 独創性のある、巧妙な	▶p.63	★
22 □□□	**depict** /dipíkt/	動 ～を表現する、描写する	▶p.64	★
23 □□□	**gust** /gʌ́st/	名 一陣の風、突風、噴出	▶p.64	★
24 □□□	**vibrate** /váibreit/	動 振動する、揺れる、反響する、～を揺り動かす	▶p.64	★★
25 □□□	**dwarf** /dwɔ́ːrf/	形 小さい 名 小びと 動 ～を小さくする	▶p.65	★★
26 □□□	**molecule** /máləkjùːl/	名 分子、微粒子	▶p.65	★
27 □□□	**quartz** /kwɔ́ːrts/	名 石英、クオーツ時計	▶p.65	★
28 □□□	**pledge** /plédʒ/	名 誓約 動 ～を堅く約束する、誓う	▶p.66	★★
29 □□□	**bureaucracy** /bjuərákrəsi｜-rɔ́k-/	名 官僚主義、官僚	▶p.66	★
30 □□□	**omnivore** /ámnɪvɔ̀r/	名 雑食動物	▶p.67	★★

重要語句150

31 ☐☐☐	**equilibrium** /iːkwəlíbriəm/	名つり合い、平静、落ち着き	▶p.67	★★
32 ☐☐☐	**telegraph** /téligræf/	名電報 動電報を打つ	▶p.67	★
33 ☐☐☐	**seep** /síːp/	動しみ出る、漏れる、浸透する	▶p.68	★★
34 ☐☐☐	**teem with ~**	~でいっぱいである、満ちあふれている	▶p.70	★★
35 ☐☐☐	**spectacular** /spektǽkjulər/	形見事な、目を見張るような、壮観な	▶p.70	★
36 ☐☐☐	**delight** /diláit/	名歓喜、楽しみ	▶p.70	★
37 ☐☐☐	**plumage** /plúːmidʒ/	名羽毛、凝った服装	▶p.70	★★★
38 ☐☐☐	**offspring** /ɔ́ːfspriŋ/	名子、子孫	▶p.70	★★
39 ☐☐☐	**habitat** /hǽbitæt/	名環境、（動植物の）生育地、居住地、住所	▶p.63	★
40 ☐☐☐	**predator** /prédətər/	名捕食者	▶p.63	★

41 ☐☐☐	**genetic** /dʒənétik/	形 遺伝子の、発生の	▶p.70	★
42 ☐☐☐	**affluence** /ǽfluəns/	名 豊かさ、財、流入	▶p.71	★
43 ☐☐☐	**hereditary** /hərédətèri/	形 遺伝性の、親ゆずりの、先祖代々の	▶p.72	★★
44 ☐☐☐	**physicist** /fízəsist/	名 物理学者	▶p.73	★★
45 ☐☐☐	**oscillate** /ásəlèit/	動 (振り子のように)振れる、(心・意見など)ぐらつく	▶p.73	★★
46 ☐☐☐	**gravity** /grǽvəti/	名 重力、引力、重さ	▶p.73	★
47 ☐☐☐	**pendulum** /péndələm｜-dʒu-/	名 振り子、趨勢、心の定まらない人	▶p.73	★★★
48 ☐☐☐	**compensation** /kàmpənséiʃən｜kɔ̀m-/	名 補償金、報酬、埋め合わせ	▶p.73	★★
49 ☐☐☐	**mercury** /mə́ːrkjuri/	名 水銀	▶p.73	★
50 ☐☐☐	**gridiron** /grídàiərn/	名 焼き網、グリル、碁盤目	▶p.73	★★★

51 ☐☐☐	**counteract** /kàuntərǽkt/	動（反作用で）〜を和らげる、無効にする、中和する	▶p.73	★★
52 ☐☐☐	**offset** /ɔ̀ːfsét/	動〜を埋め合わせる、相殺する	▶p.73	★★
53 ☐☐☐	**thermal** /θə́ːrməl/	形熱の、温泉の、保温性のよい	▶p.73	★★
54 ☐☐☐	**intricate** /íntrikət/	形入り組んだ、難解な	▶p.73	★★
55 ☐☐☐	**upright** /ápràit/	形まっすぐに立った、直立した	▶p.73	★★
56 ☐☐☐	**attune** /ətjúːn/	動〜の調子を合わせる、調音する	▶p.73	★★★
57 ☐☐☐	**imprecision** /ɪmprɪsíʒən/	名不正確	▶p.73	★★★
58 ☐☐☐	**astronomy** /əstránəmi | trɔ́n-/	名天文学	▶p.73	★
59 ☐☐☐	**arc** /áːrk/	名弧、アーク	▶p.73	★
60 ☐☐☐	**thwart** /θwɔ́ːrt/	動〜を挫折させる、くじく、防げる	▶p.75	★★

重要語句 150

61 ☐☐☐	**apparatus** /æpərǽtəs/	名 器具一式、機械、器官	▶p.76	★★
62 ☐☐☐	**fragile** /frǽdʒəl/	形 壊れやすい、はかない、つかの間の	▶p.77	★★
63 ☐☐☐	**staggering** /stǽgəriŋ/	形 驚くほどの、圧倒的な	▶p.77	★★
64 ☐☐☐	**jeopardize** /dʒépərdàiz/	動 ～を危うくする、危険にさらす	▶p.77	★★
65 ☐☐☐	**symbiotic** /sɪmbaɪátɪk | sɪmbɪátɪk/	形 共生の	▶p.77	★★★
66 ☐☐☐	**algae** /ǽldʒiː/	名 藻、藻類	▶p.77	★★
67 ☐☐☐	**photosynthesize** /foutsínθəsaɪz/	動 光合成する	▶p.77	★★
68 ☐☐☐	**deprive A of B**	AからBを奪う	▶p.77	★★
69 ☐☐☐	**expel** /ekspél/	動 ～を除名する、免職にする、追い出す	▶p.77	★★
70 ☐☐☐	**exceptionally** /eksépʃənli/	副 例外的に、異常に、非常に	▶p.77	★★

重要語句 150

71 □□□	**impair** /impέər/	動 ～を損なう、悪くする、減じる	▶p.77	★★
72 □□□	**irreversible** /ìrivə́ːrsəbl/	形 不可逆の、逆にできない	▶p.77	★★★
73 □□□	**account for ~**	～から成る、～の説明をする	▶p.77	★★
74 □□□	**ultraviolet** /ʌ̀ltrəváiəlit/	形 紫外線の 名 紫外線	▶p.77	★
75 □□□	**microbe** /máikroub/	名 微生物、病原菌	▶p.77	★
76 □□□	**insignificant** /ìnsignífikənt/	形 重要でない、取るに足らない、わずかばかりの	▶p.78	★★
77 □□□	**rigid** /rídʒid/	形 堅い、固定した	▶p.65	★
78 □□□	**comprise** /kəmpráiz/	動 ～より成る、～を含む	▶p.79	★★
79 □□□	**outbreak** /áutbrèik/	名 突発、発生、爆発	▶p.79	★★
80 □□□	**on a par**	肩を並べる、同等で	▶p.80	★★★

81 ☐☐☐	**abound** /əbáund/	動 たくさんある、満ちている	▶p.80	★
82 ☐☐☐	**commodity** /kəmádəti | -mɔ́d-/	名 商品、産物、有用なもの	▶p.80	★
83 ☐☐☐	**lucrative** /lú:krətiv/	形 もうかる、利益のあがる、有利な	▶p.80	★★
84 ☐☐☐	**obscure** /əbskjúər/	形 あいまいな、ぼやけた	▶p.80	★
85 ☐☐☐	**dubious** /djú:biəs/	形 怪しい、半信半疑の	▶p.80	★★★
86 ☐☐☐	**pirate** /páiərət/	名 海賊、略奪者	▶p.80	★★
87 ☐☐☐	**smuggler** /smʌ́glər/	名 密輸業者、密輸船	▶p.80	★★
88 ☐☐☐	**generate** /dʒénərèit/	動 ～を生み出す、～を発生させる	▶p.50	★
89 ☐☐☐	**infinite** /ínfənət/	形 果てしない、数え切れない、無限の	▶p.80	★★
90 ☐☐☐	**frosting** /frɔ́:stiŋ/	名 降霜（こうそう）、つや消し	▶p.81	★★

重要語句 150

91 ☐☐☐	**indistinct** /ìndistíŋkt/	形 ぼやけている、不明瞭な	▶p.81	★★
92 ☐☐☐	**monopolize** /mənápəlàiz | -nɔ́p-/	動 ~を独占する、ひとり占めにする	▶p.82	★★
93 ☐☐☐	**saturate** /sǽtʃərèit/	動 ~を満たす	▶p.82	★★
94 ☐☐☐	**warehouse** /wéərhàus/	名 倉庫 動 ~を倉庫に入れる	▶p.80	★
95 ☐☐☐	**give rise to ~**	~を生じさせる、 ~を引き起こす	▶p.82	★★
96 ☐☐☐	**diverse** /divə́:rs/	形 さまざまの、異なった	▶p.80	★
97 ☐☐☐	**heretical** /hərétikəl/	形 異端の、正統でない	▶p.84	★★★
98 ☐☐☐	**descend from ~**	~から遺伝する、 ~から伝わる	▶p.84	★★
99 ☐☐☐	**tentative** /téntətiv/	形 仮の、不確かな	▶p.84	★★
100 ☐☐☐	**speculation** /spèkjuléiʃən/	名 推量、熟考、投機	▶p.84	★★

101 □□□	**dissent** /disént/	名 意見の相違、反対意見 動 異議を唱える	▶p.84	★★
102 □□□	**forefront** /fɔ́ːrfrʌ̀nt/	名 最前部、最前線	▶p.84	★★
103 □□□	**paleontology** /pèiliəntálədʒi/	名 古生物学	▶p.84	★★
104 □□□	**hoax** /hóuks/	名 悪ふざけ、人をかつぐこと	▶p.84	★★★
105 □□□	**feasible** /fíːzəbl/	形 実行できる、適した	▶p.84	★★
106 □□□	**preconception** /prìːkənsépʃən/	名 先入観	▶p.84	★★
107 □□□	**scrutiny** /skrúːtəni/	名 精密な調査、監視	▶p.84	★
108 □□□	**notwithstanding** /nàtwiðstǽndiŋ/	前 ～にもかかわらず	▶p.84	★★
109 □□□	**fossil** /fásəl | fɔ́s-/	名 化石、時代遅れの人	▶p.84	★
110 □□□	**anthropoid** /ǽnθrəpɔ̀id/	形 類人の	▶p.84	★★★

111	**hominid** /háːmɪnɪd | hɔ́m-/	名 原人、ヒト科の動物 形 ヒト科の	▶p.84	★★
112	**primate** /práimeit, -mət/	名 霊長類	▶p.84	★★
113	**reconstruct** /rìːkənstrʌ́kt/	動 〜を再建する、全体を再現する	▶p.84	★★
114	**moniker** /máːnɪkər | mɔ́n-/	名 あだ名、名前	▶p.84	★★★
115	**excavate** /ékskəvèit/	動 〜を掘る、発掘する	▶p.84	★
116	**lineage** /líniidʒ/	名 血筋、種族	▶p.84	★★
117	**hold sway**	支配する、権勢を振るう	▶p.84	★★★
118	**theoretical** /θìːərétikəl/	形 理論上の、理論好きな、架空の	▶p.84	★
119	**orthodox** /ɔ́ːrθədàks/	形 正統な	▶p.85	★
120	**unconventional** /ʌ̀nkənvénʃənl/	形 因習にとらわれない、自由な	▶p.85	★★

121 □□□	**superfluous** /supə́ːrfluəs/	形 余分な、過度の、不必要な	▶p.189	★★
122 □□□	**packed** /pǽkt/	形 満員の、荷造りが済んで	▶p.190	★★
123 □□□	**parasite** /pǽrəsàit/	名 寄生生物、寄生体、ヤドリギ	▶p.193	★★
124 □□□	**nutrient** /njúːtriənt/	名 栄養分	▶p.193	★★
125 □□□	**carbohydrate** /kàːrbouháidreit/	名 炭水化物	▶p.193	★★
126 □□□	**penetrate** /pénətrèit/	動 突き通る、貫く、しみ込む	▶p.193	★★
127 □□□	**pest** /pést/	名 有害生物の、疫病、やっかいもの	▶p.176	★
128 □□□	**misconduct** /miskándʌkt/	名 非行、職権乱用	▶p.176	★
129 □□□	**breathtaking** /bréθtèikiŋ/	形 息をのむような、すごい	▶p.229	★
130 □□□	**outspoken** /áutspóukən/	形 率直な、遠慮のない（副 outspokenly）	▶p.235	★★

131 ☐☐☐	**nourish** /nə́:rɪʃ/	動 ～に栄養分を与える、～を心に抱く、～を助長する	▶p.235	★★
132 ☐☐☐	**migration** /maɪɡréɪʃən/	名 移住、移動、（鳥の）渡り、移住者	▶p.239	★
133 ☐☐☐	**hoist** /hɔ́ɪst/	動 ～を掲げる、持ち上げる	▶p.243	★★
134 ☐☐☐	**silt** /sílt/	名 沈泥	▶p.177	★★★
135 ☐☐☐	**accumulate** /əkjú:mjulèɪt/	動 蓄積する、積み上げる、積もる	▶p.176	★★
136 ☐☐☐	**ferment** /fərmént/	動 発酵する、～を発酵させる	▶p.246	★★
137 ☐☐☐	**coherent** /kouhíərənt/	形 筋の通った、首尾一貫した（副 coherenlty）	▶p.248	★★
138 ☐☐☐	**pilgrim** /pílgrim/	名 巡礼者、旅人、最初の移住者	▶p.249	★★
139 ☐☐☐	**superb** /supə́:rb/	形 極上の、豪華な	▶p.254	★★
140 ☐☐☐	**tectonic plate**	構造プレート	▶p.30	★★

141	**contractor** /kántræktər | kəntræk-/	名請負人、契約者	▶p.200	★★
142	**ailment** /éilmənt/	名病気、不快	▶p.207	★★★
143	**heritage** /héritidʒ/	名遺産、継承物	▶p.207	★★
144	**notable** /nóutəbl/	形注目に値する、優れた	▶p.207	★
145	**abrupt** /əbrʌpt/	形突然の、ぶっきらぼうな	▶p.210	★
146	**friction** /fríkʃən/	名摩擦、衝突	▶p.214	★★
147	**enroll** /inróul/	動登録する、～を入会させる、～を包む	▶p.215	★
148	**discordance** /diskɔ́ːrdəns/	名不調和、不一致	▶p.216	★★
149	**emissary** /éməsèri/	名使節、スパイ	▶p.218	★★
150	**inception** /insépʃən/	名始まり	▶p.217	★★★

Answer Sheet

Be sure to blacken completely the circle that corresponds to your answer choice.
Completely erase errors or stray marks.

CORRECT	WRONG	WRONG	WRONG	WRONG
Ⓐ Ⓑ ● Ⓓ	Ⓐ Ⓑ Ⓒ Ⓓ	Ⓐ Ⓑ Ⓒ Ⓓ	Ⓐ Ⓑ Ⓒ Ⓓ	Ⓐ Ⓑ ● Ⓓ

NAME (Print)

Section 1

1 Ⓐ Ⓑ Ⓒ Ⓓ	11 Ⓐ Ⓑ Ⓒ Ⓓ	21 Ⓐ Ⓑ Ⓒ Ⓓ	31 Ⓐ Ⓑ Ⓒ Ⓓ	41 Ⓐ Ⓑ Ⓒ Ⓓ
2 Ⓐ Ⓑ Ⓒ Ⓓ	12 Ⓐ Ⓑ Ⓒ Ⓓ	22 Ⓐ Ⓑ Ⓒ Ⓓ	32 Ⓐ Ⓑ Ⓒ Ⓓ	42 Ⓐ Ⓑ Ⓒ Ⓓ
3 Ⓐ Ⓑ Ⓒ Ⓓ	13 Ⓐ Ⓑ Ⓒ Ⓓ	23 Ⓐ Ⓑ Ⓒ Ⓓ	33 Ⓐ Ⓑ Ⓒ Ⓓ	43 Ⓐ Ⓑ Ⓒ Ⓓ
4 Ⓐ Ⓑ Ⓒ Ⓓ	14 Ⓐ Ⓑ Ⓒ Ⓓ	24 Ⓐ Ⓑ Ⓒ Ⓓ	34 Ⓐ Ⓑ Ⓒ Ⓓ	44 Ⓐ Ⓑ Ⓒ Ⓓ
5 Ⓐ Ⓑ Ⓒ Ⓓ	15 Ⓐ Ⓑ Ⓒ Ⓓ	25 Ⓐ Ⓑ Ⓒ Ⓓ	35 Ⓐ Ⓑ Ⓒ Ⓓ	45 Ⓐ Ⓑ Ⓒ Ⓓ
6 Ⓐ Ⓑ Ⓒ Ⓓ	16 Ⓐ Ⓑ Ⓒ Ⓓ	26 Ⓐ Ⓑ Ⓒ Ⓓ	36 Ⓐ Ⓑ Ⓒ Ⓓ	46 Ⓐ Ⓑ Ⓒ Ⓓ
7 Ⓐ Ⓑ Ⓒ Ⓓ	17 Ⓐ Ⓑ Ⓒ Ⓓ	27 Ⓐ Ⓑ Ⓒ Ⓓ	37 Ⓐ Ⓑ Ⓒ Ⓓ	47 Ⓐ Ⓑ Ⓒ Ⓓ
8 Ⓐ Ⓑ Ⓒ Ⓓ	18 Ⓐ Ⓑ Ⓒ Ⓓ	28 Ⓐ Ⓑ Ⓒ Ⓓ	38 Ⓐ Ⓑ Ⓒ Ⓓ	48 Ⓐ Ⓑ Ⓒ Ⓓ
9 Ⓐ Ⓑ Ⓒ Ⓓ	19 Ⓐ Ⓑ Ⓒ Ⓓ	29 Ⓐ Ⓑ Ⓒ Ⓓ	39 Ⓐ Ⓑ Ⓒ Ⓓ	49 Ⓐ Ⓑ Ⓒ Ⓓ
10 Ⓐ Ⓑ Ⓒ Ⓓ	20 Ⓐ Ⓑ Ⓒ Ⓓ	30 Ⓐ Ⓑ Ⓒ Ⓓ	40 Ⓐ Ⓑ Ⓒ Ⓓ	50 Ⓐ Ⓑ Ⓒ Ⓓ

Section 2

1 Ⓐ Ⓑ Ⓒ Ⓓ	9 Ⓐ Ⓑ Ⓒ Ⓓ	17 Ⓐ Ⓑ Ⓒ Ⓓ	25 Ⓐ Ⓑ Ⓒ Ⓓ	33 Ⓐ Ⓑ Ⓒ Ⓓ
2 Ⓐ Ⓑ Ⓒ Ⓓ	10 Ⓐ Ⓑ Ⓒ Ⓓ	18 Ⓐ Ⓑ Ⓒ Ⓓ	26 Ⓐ Ⓑ Ⓒ Ⓓ	34 Ⓐ Ⓑ Ⓒ Ⓓ
3 Ⓐ Ⓑ Ⓒ Ⓓ	11 Ⓐ Ⓑ Ⓒ Ⓓ	19 Ⓐ Ⓑ Ⓒ Ⓓ	27 Ⓐ Ⓑ Ⓒ Ⓓ	35 Ⓐ Ⓑ Ⓒ Ⓓ
4 Ⓐ Ⓑ Ⓒ Ⓓ	12 Ⓐ Ⓑ Ⓒ Ⓓ	20 Ⓐ Ⓑ Ⓒ Ⓓ	28 Ⓐ Ⓑ Ⓒ Ⓓ	36 Ⓐ Ⓑ Ⓒ Ⓓ
5 Ⓐ Ⓑ Ⓒ Ⓓ	13 Ⓐ Ⓑ Ⓒ Ⓓ	21 Ⓐ Ⓑ Ⓒ Ⓓ	29 Ⓐ Ⓑ Ⓒ Ⓓ	37 Ⓐ Ⓑ Ⓒ Ⓓ
6 Ⓐ Ⓑ Ⓒ Ⓓ	14 Ⓐ Ⓑ Ⓒ Ⓓ	22 Ⓐ Ⓑ Ⓒ Ⓓ	30 Ⓐ Ⓑ Ⓒ Ⓓ	38 Ⓐ Ⓑ Ⓒ Ⓓ
7 Ⓐ Ⓑ Ⓒ Ⓓ	15 Ⓐ Ⓑ Ⓒ Ⓓ	23 Ⓐ Ⓑ Ⓒ Ⓓ	31 Ⓐ Ⓑ Ⓒ Ⓓ	39 Ⓐ Ⓑ Ⓒ Ⓓ
8 Ⓐ Ⓑ Ⓒ Ⓓ	16 Ⓐ Ⓑ Ⓒ Ⓓ	24 Ⓐ Ⓑ Ⓒ Ⓓ	32 Ⓐ Ⓑ Ⓒ Ⓓ	40 Ⓐ Ⓑ Ⓒ Ⓓ

Section 3

1 Ⓐ Ⓑ Ⓒ Ⓓ	11 Ⓐ Ⓑ Ⓒ Ⓓ	21 Ⓐ Ⓑ Ⓒ Ⓓ	31 Ⓐ Ⓑ Ⓒ Ⓓ	41 Ⓐ Ⓑ Ⓒ Ⓓ
2 Ⓐ Ⓑ Ⓒ Ⓓ	12 Ⓐ Ⓑ Ⓒ Ⓓ	22 Ⓐ Ⓑ Ⓒ Ⓓ	32 Ⓐ Ⓑ Ⓒ Ⓓ	42 Ⓐ Ⓑ Ⓒ Ⓓ
3 Ⓐ Ⓑ Ⓒ Ⓓ	13 Ⓐ Ⓑ Ⓒ Ⓓ	23 Ⓐ Ⓑ Ⓒ Ⓓ	33 Ⓐ Ⓑ Ⓒ Ⓓ	43 Ⓐ Ⓑ Ⓒ Ⓓ
4 Ⓐ Ⓑ Ⓒ Ⓓ	14 Ⓐ Ⓑ Ⓒ Ⓓ	24 Ⓐ Ⓑ Ⓒ Ⓓ	34 Ⓐ Ⓑ Ⓒ Ⓓ	44 Ⓐ Ⓑ Ⓒ Ⓓ
5 Ⓐ Ⓑ Ⓒ Ⓓ	15 Ⓐ Ⓑ Ⓒ Ⓓ	25 Ⓐ Ⓑ Ⓒ Ⓓ	35 Ⓐ Ⓑ Ⓒ Ⓓ	45 Ⓐ Ⓑ Ⓒ Ⓓ
6 Ⓐ Ⓑ Ⓒ Ⓓ	16 Ⓐ Ⓑ Ⓒ Ⓓ	26 Ⓐ Ⓑ Ⓒ Ⓓ	36 Ⓐ Ⓑ Ⓒ Ⓓ	46 Ⓐ Ⓑ Ⓒ Ⓓ
7 Ⓐ Ⓑ Ⓒ Ⓓ	17 Ⓐ Ⓑ Ⓒ Ⓓ	27 Ⓐ Ⓑ Ⓒ Ⓓ	37 Ⓐ Ⓑ Ⓒ Ⓓ	47 Ⓐ Ⓑ Ⓒ Ⓓ
8 Ⓐ Ⓑ Ⓒ Ⓓ	18 Ⓐ Ⓑ Ⓒ Ⓓ	28 Ⓐ Ⓑ Ⓒ Ⓓ	38 Ⓐ Ⓑ Ⓒ Ⓓ	48 Ⓐ Ⓑ Ⓒ Ⓓ
9 Ⓐ Ⓑ Ⓒ Ⓓ	19 Ⓐ Ⓑ Ⓒ Ⓓ	29 Ⓐ Ⓑ Ⓒ Ⓓ	39 Ⓐ Ⓑ Ⓒ Ⓓ	49 Ⓐ Ⓑ Ⓒ Ⓓ
10 Ⓐ Ⓑ Ⓒ Ⓓ	20 Ⓐ Ⓑ Ⓒ Ⓓ	30 Ⓐ Ⓑ Ⓒ Ⓓ	40 Ⓐ Ⓑ Ⓒ Ⓓ	50 Ⓐ Ⓑ Ⓒ Ⓓ

Answer Sheet

Be sure to blacken completely the circle that corresponds to your answer choice.
Completely erase errors or stray marks.

CORRECT	WRONG	WRONG	WRONG	WRONG
Ⓐ Ⓑ ● Ⓓ	Ⓐ Ⓑ Ⓒ Ⓓ	Ⓐ Ⓑ Ⓒ Ⓓ	Ⓐ Ⓑ Ⓧ Ⓓ	Ⓐ Ⓑ ● Ⓓ

NAME (Print)

Section 1

1 Ⓐ Ⓑ Ⓒ Ⓓ	11 Ⓐ Ⓑ Ⓒ Ⓓ	21 Ⓐ Ⓑ Ⓒ Ⓓ	31 Ⓐ Ⓑ Ⓒ Ⓓ	41 Ⓐ Ⓑ Ⓒ Ⓓ
2 Ⓐ Ⓑ Ⓒ Ⓓ	12 Ⓐ Ⓑ Ⓒ Ⓓ	22 Ⓐ Ⓑ Ⓒ Ⓓ	32 Ⓐ Ⓑ Ⓒ Ⓓ	42 Ⓐ Ⓑ Ⓒ Ⓓ
3 Ⓐ Ⓑ Ⓒ Ⓓ	13 Ⓐ Ⓑ Ⓒ Ⓓ	23 Ⓐ Ⓑ Ⓒ Ⓓ	33 Ⓐ Ⓑ Ⓒ Ⓓ	43 Ⓐ Ⓑ Ⓒ Ⓓ
4 Ⓐ Ⓑ Ⓒ Ⓓ	14 Ⓐ Ⓑ Ⓒ Ⓓ	24 Ⓐ Ⓑ Ⓒ Ⓓ	34 Ⓐ Ⓑ Ⓒ Ⓓ	44 Ⓐ Ⓑ Ⓒ Ⓓ
5 Ⓐ Ⓑ Ⓒ Ⓓ	15 Ⓐ Ⓑ Ⓒ Ⓓ	25 Ⓐ Ⓑ Ⓒ Ⓓ	35 Ⓐ Ⓑ Ⓒ Ⓓ	45 Ⓐ Ⓑ Ⓒ Ⓓ
6 Ⓐ Ⓑ Ⓒ Ⓓ	16 Ⓐ Ⓑ Ⓒ Ⓓ	26 Ⓐ Ⓑ Ⓒ Ⓓ	36 Ⓐ Ⓑ Ⓒ Ⓓ	46 Ⓐ Ⓑ Ⓒ Ⓓ
7 Ⓐ Ⓑ Ⓒ Ⓓ	17 Ⓐ Ⓑ Ⓒ Ⓓ	27 Ⓐ Ⓑ Ⓒ Ⓓ	37 Ⓐ Ⓑ Ⓒ Ⓓ	47 Ⓐ Ⓑ Ⓒ Ⓓ
8 Ⓐ Ⓑ Ⓒ Ⓓ	18 Ⓐ Ⓑ Ⓒ Ⓓ	28 Ⓐ Ⓑ Ⓒ Ⓓ	38 Ⓐ Ⓑ Ⓒ Ⓓ	48 Ⓐ Ⓑ Ⓒ Ⓓ
9 Ⓐ Ⓑ Ⓒ Ⓓ	19 Ⓐ Ⓑ Ⓒ Ⓓ	29 Ⓐ Ⓑ Ⓒ Ⓓ	39 Ⓐ Ⓑ Ⓒ Ⓓ	49 Ⓐ Ⓑ Ⓒ Ⓓ
10 Ⓐ Ⓑ Ⓒ Ⓓ	20 Ⓐ Ⓑ Ⓒ Ⓓ	30 Ⓐ Ⓑ Ⓒ Ⓓ	40 Ⓐ Ⓑ Ⓒ Ⓓ	50 Ⓐ Ⓑ Ⓒ Ⓓ

Section 2

1 Ⓐ Ⓑ Ⓒ Ⓓ	9 Ⓐ Ⓑ Ⓒ Ⓓ	17 Ⓐ Ⓑ Ⓒ Ⓓ	25 Ⓐ Ⓑ Ⓒ Ⓓ	33 Ⓐ Ⓑ Ⓒ Ⓓ
2 Ⓐ Ⓑ Ⓒ Ⓓ	10 Ⓐ Ⓑ Ⓒ Ⓓ	18 Ⓐ Ⓑ Ⓒ Ⓓ	26 Ⓐ Ⓑ Ⓒ Ⓓ	34 Ⓐ Ⓑ Ⓒ Ⓓ
3 Ⓐ Ⓑ Ⓒ Ⓓ	11 Ⓐ Ⓑ Ⓒ Ⓓ	19 Ⓐ Ⓑ Ⓒ Ⓓ	27 Ⓐ Ⓑ Ⓒ Ⓓ	35 Ⓐ Ⓑ Ⓒ Ⓓ
4 Ⓐ Ⓑ Ⓒ Ⓓ	12 Ⓐ Ⓑ Ⓒ Ⓓ	20 Ⓐ Ⓑ Ⓒ Ⓓ	28 Ⓐ Ⓑ Ⓒ Ⓓ	36 Ⓐ Ⓑ Ⓒ Ⓓ
5 Ⓐ Ⓑ Ⓒ Ⓓ	13 Ⓐ Ⓑ Ⓒ Ⓓ	21 Ⓐ Ⓑ Ⓒ Ⓓ	29 Ⓐ Ⓑ Ⓒ Ⓓ	37 Ⓐ Ⓑ Ⓒ Ⓓ
6 Ⓐ Ⓑ Ⓒ Ⓓ	14 Ⓐ Ⓑ Ⓒ Ⓓ	22 Ⓐ Ⓑ Ⓒ Ⓓ	30 Ⓐ Ⓑ Ⓒ Ⓓ	38 Ⓐ Ⓑ Ⓒ Ⓓ
7 Ⓐ Ⓑ Ⓒ Ⓓ	15 Ⓐ Ⓑ Ⓒ Ⓓ	23 Ⓐ Ⓑ Ⓒ Ⓓ	31 Ⓐ Ⓑ Ⓒ Ⓓ	39 Ⓐ Ⓑ Ⓒ Ⓓ
8 Ⓐ Ⓑ Ⓒ Ⓓ	16 Ⓐ Ⓑ Ⓒ Ⓓ	24 Ⓐ Ⓑ Ⓒ Ⓓ	32 Ⓐ Ⓑ Ⓒ Ⓓ	40 Ⓐ Ⓑ Ⓒ Ⓓ

Section 3

1 Ⓐ Ⓑ Ⓒ Ⓓ	11 Ⓐ Ⓑ Ⓒ Ⓓ	21 Ⓐ Ⓑ Ⓒ Ⓓ	31 Ⓐ Ⓑ Ⓒ Ⓓ	41 Ⓐ Ⓑ Ⓒ Ⓓ
2 Ⓐ Ⓑ Ⓒ Ⓓ	12 Ⓐ Ⓑ Ⓒ Ⓓ	22 Ⓐ Ⓑ Ⓒ Ⓓ	32 Ⓐ Ⓑ Ⓒ Ⓓ	42 Ⓐ Ⓑ Ⓒ Ⓓ
3 Ⓐ Ⓑ Ⓒ Ⓓ	13 Ⓐ Ⓑ Ⓒ Ⓓ	23 Ⓐ Ⓑ Ⓒ Ⓓ	33 Ⓐ Ⓑ Ⓒ Ⓓ	43 Ⓐ Ⓑ Ⓒ Ⓓ
4 Ⓐ Ⓑ Ⓒ Ⓓ	14 Ⓐ Ⓑ Ⓒ Ⓓ	24 Ⓐ Ⓑ Ⓒ Ⓓ	34 Ⓐ Ⓑ Ⓒ Ⓓ	44 Ⓐ Ⓑ Ⓒ Ⓓ
5 Ⓐ Ⓑ Ⓒ Ⓓ	15 Ⓐ Ⓑ Ⓒ Ⓓ	25 Ⓐ Ⓑ Ⓒ Ⓓ	35 Ⓐ Ⓑ Ⓒ Ⓓ	45 Ⓐ Ⓑ Ⓒ Ⓓ
6 Ⓐ Ⓑ Ⓒ Ⓓ	16 Ⓐ Ⓑ Ⓒ Ⓓ	26 Ⓐ Ⓑ Ⓒ Ⓓ	36 Ⓐ Ⓑ Ⓒ Ⓓ	46 Ⓐ Ⓑ Ⓒ Ⓓ
7 Ⓐ Ⓑ Ⓒ Ⓓ	17 Ⓐ Ⓑ Ⓒ Ⓓ	27 Ⓐ Ⓑ Ⓒ Ⓓ	37 Ⓐ Ⓑ Ⓒ Ⓓ	47 Ⓐ Ⓑ Ⓒ Ⓓ
8 Ⓐ Ⓑ Ⓒ Ⓓ	18 Ⓐ Ⓑ Ⓒ Ⓓ	28 Ⓐ Ⓑ Ⓒ Ⓓ	38 Ⓐ Ⓑ Ⓒ Ⓓ	48 Ⓐ Ⓑ Ⓒ Ⓓ
9 Ⓐ Ⓑ Ⓒ Ⓓ	19 Ⓐ Ⓑ Ⓒ Ⓓ	29 Ⓐ Ⓑ Ⓒ Ⓓ	39 Ⓐ Ⓑ Ⓒ Ⓓ	49 Ⓐ Ⓑ Ⓒ Ⓓ
10 Ⓐ Ⓑ Ⓒ Ⓓ	20 Ⓐ Ⓑ Ⓒ Ⓓ	30 Ⓐ Ⓑ Ⓒ Ⓓ	40 Ⓐ Ⓑ Ⓒ Ⓓ	50 Ⓐ Ⓑ Ⓒ Ⓓ

著者プロフィール

神部 孝（かんべ たかし）

Yale University で MBA を取得。現在、かんべ英語塾主宰。TOEFL をはじめ、TOEIC や英検などの指導に当たっている。主な著書に『完全攻略！TOEFL iBT®テスト』『完全攻略！英検®2級』『完全攻略！英検®準1級』（いずれもアルク刊）、『TOEFL®テスト英単語3800』『TOEFL®テスト英熟語700』（いずれも旺文社刊）などがある。

改訂版
完全攻略！
TOEFL ITP®テスト

発行日　2022年11月4日（初版）

※この書籍は2014年3月刊行の『完全攻略！TOEFL ITP®テスト』を改訂したものです。

著者：神部 孝
編集：株式会社アルク 文教編集部
英文校正：Peter Branscombe、Margaret Stalker
アートディレクション：早坂美香（SHURIKEN Graphic）
本文デザイン：大村麻紀子
ナレーション：Peter von Gomm、Carolyn Miller
音楽制作：ハシモトカン（株式会社ジェイルハウス・ミュージック）
録音・編集：株式会社ジェイルハウス・ミュージック
編集協力：五十嵐 哲
DTP：株式会社秀文社
印刷・製本：シナノ印刷株式会社
発行者：天野智之
発行所：株式会社アルク
〒102-0073 東京都千代田区九段北4-2-6 市ヶ谷ビル
Website：https://www.alc.co.jp/

地球人ネットワークを創る

アルクのシンボル
「地球人マーク」です。